V&R

Dienst am Wort

Die Reihe für Gottesdienst und Gemeindearbeit

133

Vandenhoeck & Ruprecht

Gottesdienste zur Konfirmation

Max Koranyi

Vandenhoeck & Ruprecht

„Gott, von meiner Jugend auf
hast Du mich begleitet.
Und noch im Alter kann ich Wunder
was davon erzählen."
(Nach Psalm 71,17)

Bibliografische Information der Deutschen Nationalbibliothek

Die Deutsche Nationalbibliothek verzeichnet diese Publikation in
der Deutschen Nationalbibliografie; detaillierte bibliografische Daten sind
im Internet über http://dnb.d-nb.de abrufbar.

ISBN 978-3-525-59541-1
ISBN 978-3-647-59541-2 (E-Book)

Umschlagabbildung:
Landshut, © Josef Roßmaier

Satz: weckner media+print GmbH, Göttingen
Druck und Bindung: ✠ Hubert & Co, Göttingen

Gedruckt auf alterungsbeständigem Papier.

Inhalt

Vorwort

Konfirmationsgottesdienste sind der Beginn eines großen Festtages für Jugendliche. Natürlich geht es in ihnen hauptsächlich um eine verantwortungsbewusste Aufnahme in die Gemeinde, die von einer persönlichen Glaubensbejahung der KonfirmandInnen getragen werden sollte. Daneben spielen sicherlich auch familiäre Gefühle eine nicht ganz unbedeutende Rolle:

Mit 14 endet die Kindheit der Kinder, und der nicht ganz einfache Weg in die Erwachsenenwelt beginnt. Nach dem Gottesdienst aber geht die Feier weiter: In besonderen Kleidern wird besonders gegessen, Reden gehalten, Programme gestaltet, Geschenke übergeben. Damit die Konfirmation selber nicht ganz so rasch vergessen wird, bedarf sie einer sorgfältigen Planung durch die Pfarrerin und den Pfarrer. Jugendlichen (aber auch immer mehr Erwachsenen) fällt es nicht leicht, längere Zeit konzentriert zuzuhören, zumal, wenn man besonders aufgeregt ist. Hilfreich ist deshalb ein Predigtthema, das bei aller biblischen Verortung dennoch auch in der Welt junger Menschen und ihrer Angehörigen einen Platz hat. Darüber hinaus kann die „Ansprache" durchaus auch in Dialogform oder als kleines Theaterstück präsentiert werden. Geschichten, Bilder, Alltagsgegenstände und Symbole erhöhen dabei den Grad der Aufmerksamkeit. Diese „Erinnerungsstücke" an die Predigt können nach der Einsegnung den Jugendlichen ebenfalls geschenkt werden. Dann bleibt die Konfirmation keine abgehakte Formalität, schnell vergessen schon am Tage danach, sondern der bleibende, erinnerungswerte Höhepunkt eines wirklichen „Fest des Lebens".

Die vorliegenden 12 Konfirmationsgottesdienste haben alle ihre „Uraufführung" in der kleinen Kirche in Königswinter-Stieldorf im „wunderschönen Monat Mai" erfahren. Vielleicht bereichern ihre Ideen jetzt auch andere Gotteshäuser.

Ich widme dieses Büchlein meiner Frau, Anne Hubert-Koranyi, die nach den Gottesdiensten wesentlich dazu beigetragen hat, dass die Festtage für unsere drei Söhne Moritz, Nicolas und Johannes wirklich gelungen waren.

Max Koranyi

1 „Wie in einem Spiegel"

I. ANMERKUNG:

Für diesen Gottesdienst braucht man einen großen Spiegel. Ich habe einen schönen Barockspiegel mit Goldrahmen benutzt, den ich (s.u. zu Beginn der Predigt) den KonfirmandInnen einzeln vorgehalten habe. Anschließend habe ich ihn neben dem Altar an der Kirchenwand aufgehängt, sodass einige Gottesdienstbesucher sich darin „gespiegelt" sahen.

Als Geschenk bekommen die KonfirmandInnen nach der Einsegnung eine Bildkarte: Wolfgang Seehaus, „Spiegelkreuz" (Erhältlich über das Gottesdienst-Institut der Ev.luth. Kirche in Bayern, Postfach 440445, 90209 Nürnberg).

II. BEGRÜSSUNG:

Liebe Konfirmandinnen und liebe Konfirmanden, liebe Eltern, Großeltern und PatInnen, Verwandte und Gäste, liebe Gemeinde!

Ganz herzlich möchte ich Euch und natürlich Sie alle zu diesem besonderen Konfirmationsgottesdienst hier in unserer Kirche willkommen heißen. Es ist schon ein bedeutender Tag, der vor unseren Jugendlichen liegt: Ihr werdet heute konfirmiert und damit als Mitglieder in unsere Kirche aufgenommen, genau so wie es die Erwachsenen schon sind. Zugelassen zum Abendmahl und zum PatInnenamt könnt Ihr dann mitbestimmen, wie eine christliche Gemeinde in unserer Zeit gestaltet werden kann. Immer wieder habt Ihr Euch während unseres gemeinsamen Unterrichts mit Anregungen und Ideen eingebracht. Ich jedenfalls habe gerne mit Euch zusammengearbeitet. Und ich finde, Ihr seht heute auch überzeugend aus, gewachsen und gereift während der letzten eineinhalb Jahre. Auf den Photos vom Begrüßungsgottesdienst könnt Ihr selber sehen, wie sehr Ihr Euch verändert habt. Wie nun Euer

Äußeres mit Eurem unsichtbaren Inneren, Euren Gedanken und Gefühlen zusammenhängt, darüber wollen wir uns in diesem Gottesdienst gemeinsam Gedanken machen.

Und so feiern wir diesen Konfirmationsgottesdienst im Namen Gottes, des Vaters, der Euch so geschaffen hat, wie Ihr seid; im Namen seines Sohnes Jesus Christus, der das Abbild der Liebe Gottes für uns geworden ist; und im Namen des Heiligen Geistes, der uns mit seinem Wehen alle hierher zusammengeführt hat. Amen.

III. PSALM: 139,1–12

IV. LIEDER:

> Lobe den Herren, den mächtigen König der Ehren (EG 317,1–4); Wo Menschen sich vergessen (Lieder zwischen Himmel und Erde, tvd-Verlag, 2,1–3); Gott gab uns Atem (EG 432,1–3); Geh den Weg nicht allein (tvd, 326,1–3+6); Bewahre uns, Gott, behüte uns, Gott (EG 171,1–4); Möge die Straße uns zusammenführen (tvd, 89,1+2+4), Herr; deine Liebe ist wie Gras und Ufer (tvd, 224,1–4); Nun danket alle Gott (EG 321,1–3)

V. LESUNG:

> 1. Korinther 13,1–13

VI. FÜRBITTENGEBET:

> Herr Jesus Christus! Wir danken Dir, dass Du uns mit Deiner Liebe ansiehst und damit schön machst für Dich und diese ganze Welt. Und weil Du uns auch in Zukunft nahe sein willst, bitten wir Dich jetzt: Sei bei den Jugendlichen, die sich selber trotz des äußeren Scheins auch immer wieder kritisch betrachten. Lass sie in ihrem Leben erfahren, dass Du die Fähigkeit hast, die Bruchstücke in ihrem Leben zu neuem Glanz wieder zusammenzufügen. Gib ihnen den Einblick, in Dir den Spiegel Gottes zu erkennen, der nur Gutes mit ihnen vorhat und ihnen den Blick auf die Schönheiten dieser Welt immer wieder neu ermöglicht. Schenke ihnen den Mut, ehrlich ins eigene Gesicht sehen zu können, um mit Deiner Hilfe an sich selber zu arbeiten. Zeige ihnen dann auch in ihrem Spiegelbild, zu welchen Aufgaben sie beson-

ders gerufen sind, hier in der Kirche als konfirmierte Mitglieder, aber auch sonst in ihrem Leben und dieser ganzen
Welt. Und schließlich: Leuchte Du selber in ihren Gesichtern als Dein Spiegel immer wieder auf, dass sie sich ver-
schönt, getragen und geborgen wissen in dem Lichte Deiner
Liebe.

VII. Segen:

Segen sei mit dir, der Segen strahlenden Lichtes. Licht um
dich her und innen in deinem Herzen. Sonnenschein leuchte
dir und erwärme dein Herz, bis es zu glühen beginnt wie ein
großes Torffeuer, und der Fremde tritt näher, um sich daran
zu wärmen. Aus deinen Augen strahle gesegnetes Licht wie
zwei Kerzen in den Fenstern deines Hauses, die den Wanderer locken, Schutz zu suchen dort drinnen vor der stürmischen Nacht. Wen du auch triffst, wenn du über die Straße
gehst, ein freundlicher Blick von dir möge ihn treffen.

(Aus Irland)

VIII. Predigt:

Meine lieben Konfirmandinnen und liebe Konfirmanden!

Was ist eigentlich die letzte Handlung gewesen, die Ihr zu Hause
vor diesem feierlichen Gottesdienst getan habt? Fast könnte ich
wetten, dass ich es weiß. Oder sagen wir einmal so: Zumindest
eine Eurer letzten Tätigkeiten hat hiermit zu tun (P. zeigt einen
großen Spiegel). Jawohl, Ihr habt Euch noch einmal im Spiegel
betrachtet, um zu sehen, ob die Haare, und bei den Mädchen vielleicht auch die Schminke, stimmen. Und nicht nur der Spiegel hat
dann wie im Märchen zu Euch gesagt: „Daniel oder Rebecca, Ma-
deleine oder Paul, Ihr seid die Schönsten im ganzen Land!" Ich
selber kann diesen Eindruck wirklich nur bestätigen: Ihr seht einfach gut aus. Überzeugend. Erwachsen. Zum Teil seid Ihr richtig
süß anzusehen. Eure Eltern sind mit Recht stolz auf Euch. Und ich
bin es auch, wenn ich merke, was für einen guten Geschmack Ihr
für Eure Präsentation entwickelt habt. Schaut selber noch einmal,
der Spiegel zeigt Euch, wie hübsch Ihr seid. (P. geht langsam mit
dem Spiegel an jeder/m Konfirmandin/Konfirmanden vorbei. Anschließend hängt er ihn an der Wand auf.)

Aber nun ist das mit den Spiegeln so eine Sache. Wohl zeigen sie uns, wie unser Äußeres beschaffen ist. Aber manchmal verbergen sie gerade auch dabei, was eigentlich hinter unserer Fassade noch so alles steckt. Aus Eurer Kindheit wisst Ihr noch sehr gut, wie das mit dem „Spieglein, Spieglein an der Wand" im Märchen weiterging. Denn eines Tages lobte der Spiegel nicht mehr nur das Antlitz der Königin, sondern pries darüber hinaus viel mehr noch ihre Konkurrentin; und holte dabei das Dunkelste aus ihr zum Vorschein: „Frau Königin, Ihr seid die Schönste hier" (evtl. Gemeinde zum Mitsprechen animieren), „aber Schneewittchen über den Bergen, bei den sieben Zwergen, ist noch tausendmal schöner als Ihr." Bei so einer Nachricht verändert der Spiegel unser Gesicht und unser Herz; und macht aus uns Menschen nur allzu oft ganz neidische, eifersüchtige Geschöpfe, die sich immer gleich mit anderen vergleichen müssen. Weil ja jeder der Schönste und Beste und Klügste sein will.

Ich muss Euch heute einmal ganz ehrlich erzählen: Als ich konfirmiert wurde, da fand ich mich in unserem Badezimmerspiegel gar nicht so toll. Meine Eltern hatten mir aus Protest gegen die Beatles beim Friseur um die Ecke einen „Fassonschnitt-möglichst-kurz" verpassen lassen; und entsprechend rasiert sah ich dann auch aus. Außerdem war ich noch zu meinem Leidwesen Brillenträger. Mit dem Spiegel stand ich also auf Kriegsfuß. Ich hatte den Eindruck: eigentlich verdeckt er mein wirkliches Wesen, statt die ganze Wahrheit über meine Person zu zeigen. Ich war doch nicht nur das, was man äußerlich von mir wahrnehmen konnte. Ich war doch noch viel, viel mehr. Ich hatte Humor. Ich konnte ganz gut Klavier spielen. Ich hatte ziemlich interessiert im KonfirmandInnenunterricht mitgemacht. Wo war das alles denn jetzt im Spiegel geblieben?

Auch der Apostel Paulus kannte sehr wohl die Fragwürdigkeit und die Begrenztheit eines Spiegels. Nicht nur für Menschen. Auch auf ihrer Suche nach Gott. Beim Versuch, ihn zu „sehen", ihn zu verstehen, meinte Paulus, würde man nur ein verschwommenes, eher dunkles, schemenhaftes Bild von ihm zu erkennen bekommen. Erst viel später im Leben, wahrscheinlich erst nach diesem Leben hier, werden wir erkennen und richtig begreifen, wer da hinter dem Spiegel dieser Welt als Gott auf uns gewartet hat. Und wie wir dann in seinem Licht auch unser eigenes ganzes Leben verstehen dürfen.

Denn das ahnt auch schon Ihr als Jugendliche: Unser Leben ist vielschichtiger und reichhaltiger, manchmal eben auch komplizierter und schwieriger, als der erste Blick in einen Spiegel uns heute Morgen verraten hat. Versteht mich richtig: In keiner Weise will ich Euer fesches Aussehen und selbstbewusstes Auftreten an diesem Tag infrage stellen. Eure Ausstrahlung gehört gewiss zur Konfirmation dazu. Aber es stecken eben noch viele andere Dinge ich Euch drin, die der Spiegel so nicht gezeigt hat. „Herr, Du kennst mich", heißt es im Psalm 139, den wir zu Beginn des Gottesdienstes gehört haben. „Egal, ob ich sitze oder aufstehe, du verstehst alle meine Gedanken auch aus der Ferne."

So einen, der hinter unser Spiegelbild sieht, können wir gerade an diesem Tag gut gebrauchen. Denn: Was weiß auch ich eigentlich wirklich von Euch? Kann ich Eure Gedanken lesen, was Euch dieser Gottesdienst bedeutet? Verstehe ich wirklich, mit welchen Gefühlen Ihr diesem Tag entgegenseht? Verrät dieser Spiegel hier vorne tatsächlich, was für Menschen Ihr seid?

Denn seht, es gibt noch ein anderes Märchen, das von einem Spiegel handelt. Es heißt „Die Schneekönigin", und der dänische Dichter Hans-Christian Andersen hat es für uns aufgezeichnet. Es beginnt so: „Es war ein böser Zauberer, einer der allerärgsten, es war der Teufel selbst! Eines Tages war er recht bei Laune, denn er hatte einen Spiegel gemacht, der die Eigenschaft besaß, dass alles Gute und Schöne, was sich darin spiegelte, fast zu nichts zusammenschwand, aber das, was nichts taugte und sich schlecht ausnahm, das trat hervor und wurde noch ärger. […] Die besten Menschen wurden darin widerlich oder standen auf dem Kopf ohne Rumpf. […] Und so konnte man schließlich sehen, wie die Menschen und die Welt wirklich aussehen." Das Märchen geht so weiter, dass eines Tages der Spiegel vom Himmel auf die Erde fällt, wo er in hundert Millionen Stücke zerspringt. Und sich schließlich als Spiegelscherben in den Herzen der Menschen festsetzt. Und dabei werden die Herzen der Menschen zu einem Klumpen Eis.

Es ist ein Märchen. Aber es enthält eine große Wahrheit über uns Menschen, auch über Euch, die Ihr heute konfirmiert werdet. Denn wenn wir ehrlich sind, müssen wir eingestehen, dass wir alle den einen oder anderen Splitter dieses dunklen Spiegels im Herzen tragen. Es würde unserer Wirklichkeit völlig widersprechen, wenn wir nicht dazu stehen, darüber auch heute nachdenken würden.

Gerade auch die Bibel weiß sehr wohl um die Schattenstellen unseres Herzens Bescheid. Sie sieht schon jetzt vielleicht den Splitter des Neides, wenn wir in den kommenden Tagen unsere Geschenke mit denen der MitKonfirmandInnen vergleichen. Oder sie sieht den Splitter des Stolzes, wenn wir uns in diesem Moment besser und hübscher empfinden als die Jugendlichen neben uns. Sie sieht auch den Splitter der Unwahrheit, der uns manchmal nach außen hin als andere erscheinen lässt, als wir in Wirklichkeit sind. Wir selber wissen oft nichts davon. Und deshalb gab es früher an den Höfen der Könige einen Narren, der seinem Herrscher einen Wahrheitsspiegel vorhielt und ihm damit zeigte, was neben seinem herrschaftlichen Glanz sonst noch alles in ihm steckte.

Auch Euer Leben hat neben glanzvollen auch dunkle Seiten, und manchmal besteht es sogar aus teuflischen Scherben. Aber in Eurer Konfirmation geschieht nun etwas ganz Wichtiges mit dem zerbrochenen Spiegel in Euerm Herzen. Bei Eurer Einsegnung werdet Ihr dieses Spiegelkreuz (P. zeigt Karte, s. unter I. Anmerkung) erhalten. Das Kreuz umfasst all die Scherben, die sich vorher in Eurem Herzen befunden haben: Splitter der Missgunst, der Unzufriedenheit, der Unsicherheit und der Scham. Aber auf diesem Bild haben sie keine Macht mehr über Euch. Sie sind jetzt gebändigt und zusammengefasst im Kreuz Christi. Christus, so sagt man, ist der Spiegel, den uns Gott von sich selber zeigt. In Christus spiegelt sich Gott wider. Er ist das tröstliche, liebevolle Spiegelbild Gottes. In ihm erkennt man Gott am Besten. Und die Vergebung all unserer Lebensbruchstücke.

Und so können wir selber nun ganz guten Mutes in diesen Kreuzesspiegel sehen und zu uns selber stehen. Hier, im Kreuz, können die Splitter unseres Lebens uns nichts mehr anhaben. Hier werden sie zusammengefügt zu einem Ganzen, zu einem ganzen Menschen, zu dem eben nicht nur der äußere Schein, sondern auch die ungelösten Fragen unserer Person gehören. Ein im Ganzen von Christus zusammengehaltener und damit geliebter Mensch. Wenn Ihr nachher die Karte ein wenig zusammenrollt, dann werdet Ihr wie in dem Märchen von der Schneekönigin auf dem Kopf stehen. So sehen wir aus, wenn wir auf den festen Halt durch Christus verzichten wollen – und uns damit ganz schön verbiegen lassen. Aber zu unserem Glück lässt uns dieser Heiland nicht im Stich. Denn wenn Ihr diese Karte als Bild für Euer Leben wieder öffnet und glatt streicht, dann werdet Ihr Euch erkennen, wie Ihr wirklich seid: Natürlich auch mit Rissen und Brüchen, aber gerade so geliebt und verbunden von dem Herrn Eures Lebens. Und dabei geschieht eine Verwandlung mit uns: Wer sich in diesem Spiegelkreuz erkennt, der wird dabei selber ein Teil von Christus und gehört auf die Ewigkeit zu ihm. Das ist Euch schon einmal bei Eurer Taufe zugesagt worden. Und das wird nun gleich bei Eurer Einsegnung noch einmal unterstrichen und bestätigt.

Aber nun ist ja irgendwann einmal Euer schönes Konfirmationsfest vorbei. Dann werdet Ihr wieder jeden Morgen aufstehen und Euch etwas müde im Badezimmerspiegel betrachten. Ihr werdet dafür sorgen, euch ein bisschen herzurichten, wie man so schön sagt, um von den anderen halbwegs gut angesehen zu werden. Aber wo ist dann in Euerm Spiegel Euer Glaube, das Kreuz und Euer Ja zu diesem Spiegelkreuz geblieben? Immer wieder erlebe ich es ja, dass nach der Konfirmation der Kontakt zur Kirche zumindest eine Zeit lang unterbrochen wird. Und manche Jugendliche sagen einem auch ganz offen, dass sie im Grunde die Kirche für überholt, ihre Ausstrahlung im Spiegelglanz matt, ihre Angebote für tot halten. Gerne erzähle ich ihnen dann immer wieder die Geschichte eines englischen Kollegen, der sich auch immer wieder diese „Kirche-ist-tot"-Behauptungen anhören musste. Eines Tages lud er deshalb ganz konsequent seine Gemeinde zur Beerdigungsfeier seiner Kirche ein; bat aber die Mitglieder vor dem letzten Abschied, doch noch einmal in den Sarg der toten Kirche hineinzusehen. Nichts anderes lag darin als dies hier! (P. zeigt auf den Spiegel). Und der Spiegel sagte damit: Du bist Kirche! Du darfst auf Deinem Gesicht den Christusglanz auch in Deiner Gemeinde widerspiegeln. Und wenn nicht? „Nun", sagte der Jakobusbrief, „wenn jemand ein Hörer des Wortes und nicht ein Täter ist, der gleicht einem Menschen, der sein liebliches Angesicht im Spiegel beschaut hat. Kaum hat er das getan, geht er weg und vergisst, wie er ausgesehen hat." (Jak 1,23f) Vergesst Ihr Euer Gesicht im Spiegel Christi nie!

Denn, liebe Konfirmandinnen und liebe Konfirmanden, es liegt auch an Euch, ob diese Kirche glänzt, ausstrahlt und lebendig bleibt. Werdet selber im Laufe Eures Lebens immer mehr zu so einem blankgeputzten, strahlenden Spiegel des Himmels, in dem auch andere erkennen können, wie hübsch Ihr seid: Als Konfirmierte, die auf ihrem eigenen Gesicht die Herrlichkeit Gottes widerspiegeln.

Amen.

2 „Und nichts als die Wahrheit … ?"

I. ANMERKUNG:

Die Predigt in diesem Konfirmationsgottesdienst über das 9. Gebot (nach reformierter Zählung), „Du sollst nicht lügen!", findet in Form eines Gespräches zwischen PfarrerIn und dem „Lügentroll" statt.

Die KonfirmandInnen bekommen nach der Einsegnung als Geschenk ein T-Shirt mit der Aufschrift „Du sollst nicht lügen" überreicht. Es ist über die „edition chrismon" erhältlich gewesen. Ansonsten kann man es sicherlich auch in den entsprechenden Copy-Shops selber herstellen.

II. BEGRÜSSUNG:

Liebe Konfirmandinnen und liebe Konfirmanden, liebe Eltern, Großeltern und PatInnen, Verwandte und Gäste, liebe Gemeinde!

Ganz herzlich möchte ich Euch und Sie alle zu diesem Konfirmationsgottesdienst in unserer Kirche willkommen heißen. Es ist schon ein besonderer Tag, der vor den Jugendlichen liegt: Mit ihrer Konfirmation werden sie offiziell in die christliche Gemeinde aufgenommen und bekommen damit auch entsprechende Rechte und Pflichten als Mitglieder der Kirche zugesprochen. Und gleichzeitig geschieht etwas auf ihrem Weg zum Erwachsensein: Ihre Kinder sind keine Kinder mehr – nichts zeigt das mehr als die Fotos, die bei ihrem Begrüßungsgottesdienst vor eineinhalb Jahren von ihnen aufgenommen wurden. Jetzt wollten sie als Jugendliche immer stärker selber Verantwortung übernehmen. Das ist keine einfache Sache. Es ist – und zwar für alle Beteiligten – auch nicht immer eine leichte Zeit des Heranwachsens. Wohl haben wir versucht, die Gebote Gottes für unser Leben kennenzulernen; aber sie auswendig daher zu sagen allein, reicht natürlich nicht aus. Eigene

Überlegungen und Entscheidungen in komplizierten Situationen sind gefragt, was Gottes gute Ratschläge denn nun konkret für unsere Zeit bedeuten. Dazu möchte auch dieser Konfirmationsgottesdienst beispielhaft in der Auslegung eines der Gebote seinen Beitrag leisten.

Und so feiern wir auch dieses Fest im Namen Gottes, des Vaters, der diese Welt so wunderbar geschaffen hat; im Namen seines Sohnes, Jesus Christus, der uns vorgelebt hat, dass die Liebe als wichtigstes Licht unsere Lebensstraße bescheint; und im Namen des Heiligen Geistes, der uns heute Mut, Tatkraft und Fantasie für ein Leben als Christen schenken möge. Amen..

III. Psalm: 1 (in moderner Übertragung)

Der ist gut dran, der falsche Ratgeber durchschaut, der sich von schlechten Vorbildern nicht verleiten lässt und nicht die Wege geht, die in Schuld enden müssen. Der ist gut dran, der sich nicht zu denen hält, die gedankenlos über Gott daherreden und spöttisch über Menschen, die glauben. Der ist gut dran, der sich Gedanken macht, der zu begreifen sucht, was er glaubt und wofür er lebt. Der ist wie ein Baum mit tiefen Wurzeln, am Wasser gepflanzt, der Kräfte hat, dem Wetter standzuhalten und Frucht zu tragen, wenn es an der Zeit ist. Der verbringt sein Leben nicht nutzlos und woran er arbeitet, das wird nicht vergeblich sein. Denn wer nach Gott fragt, der entdeckt das Leben, das ganzen Einsatz lohnt und sich bewährt.

IV. Lieder:

Lobe den Herren, den mächtigen König der Ehren (EG 317, 1–4); Gott gab uns Atem (432,1–3); Wenn das Brot, das wir teilen (EG 667,1–3); Herr, deine Liebe ist wie Gras und Ufer (Lieder zwischen Himmel und Erde, tvd-Verlag, 224,1–4); Bewahre uns Gott, behüte uns Gott (EG 171,1–4); Möge die Straße uns zusammenführen (tvd 89,1+2+4); Unser Leben sei ein Fest (tvd 59,1+2); Nun danket alle Gott (EG 321,1–3)

Die Seligpreisungen (in moderner Übertragung)

Die nicht schon auf alles eine Antwort wissen, die sind gut dran, denn ihnen tut sich die Welt Gottes auf. Die unter den Zuständen leiden, die sind gut dran, denn sie werden Mut und Hoffnung gewinnen. Die nicht auf Gewalt setzen, die sind gut dran, denn ihnen wird die Erde gehören. Die keine Ruhe geben und nach Gerechtigkeit schreien, die sind gut dran, denn sie werden zufrieden sein. Die barmherzig sind, die sind gut dran, denn sie werden Barmherzigkeit erleben. Die sich selbst und anderen nichts vormachen, die sind gut dran, denn sie werden Gott vor Augen haben. Die den Frieden herbeiführen, die sind gut dran, denn ihnen wird man glauben, dass sie von Gott sind. Die angefeindet werden wegen neuer Gerechtigkeit, die sind gut dran, denn ihnen tut sich die Welt Gottes auf.

VI. FÜRBITTENGEBET:

Jesus Christus, Du bist der Weg, / die Wahrheit und der Lebenssteg. / Wenn wir uns ganz nach Dir nur richten / werden uns Sorgen nie vernichten. / Und so bitten wir Dich heute: / Mach' aus uns doch solche Leute, / die in Dein'n Geboten steh'n, / ihre Meinung nicht verdreh'n. / Gerade um der Wahrheit willen / helfen nicht Beruhigungspillen, / sondern nur ein off'nes Wort, / das die Lüge treibet fort. / Dass es Situationen gibt,/ auch im Alltag sehr beliebt,/ die nach einem Flunkern suchen, / lass uns als Erfolg nicht buchen. / Eher noch als Ausrutscher, / die nicht oft soll'n kommen vor. / Doch zu Dir mög' unser Reden / hängen nur an Weisheitsfäden, / das wir Dich nur nicht belügen / und dabei uns selbst betrügen. / Denn es gibt Situationen, / in den'n Lügen sich nicht lohnen: / Steht die Wahrheit auf dem Spiel, / ist schon eine viel zu viel. / Gewöhnt man gar sich Lügen an / verlier'n Vertrauen Frau und Mann. / In der Deutung von Martin Luther / kommt's bei Menschen dann in Butter, / wenn sie nicht nur Lügen meiden, / sondern Gutes nur verbreiten. / Wer and're entschuldigt und and're versteht / am Besten auf Deinem Weg, Jesus, geht, / der Du

selbst Wahrheit bist und Leben, / mach uns Herr Christ, so
Gott ergeben! Amen.

VII. Segen:

Geht und seid Salz für die Erde und Licht für die Welt. Geht
mit der Zuversicht, dass Ihr dabei nicht allein seid, sondern
in der Gemeinschaft aller Christen lebt, ja mehr noch in der
Gemeinschaft mit Christus selbst. Es segne und behüte Euch
der allmächtige und barmherzige Gott, der Vater, der Sohn
und der Heilige Geist. Amen.

VIII. Predigt: „Du sollst nicht lügen … oder doch?"
Ein Konfirmationsgespräch zwischen der/m Pfarrer/in und dem Lügentroll

PfarrerIn (P):

Meine lieben Konfirmandinnen und liebe Konfirmanden!

Es gibt einfach Tage, die ragen aus dem Alltag heraus. Der
Geburtstag ist so ein Termin. Da wird man gefeiert und beschenkt. Und der erste Ferientag im Sommer, wenn die Fahrt
ans Meer geht und alle Freiheiten der Welt vor einem liegen.
Vergessen wir nicht all die kirchlichen Feste als zusätzliche
Höhepunkte im Jahr: Die vielen vertrauten und gelungenen
Weihnachtsabende. Die Spaziergänge im ersten Frühlingsduft
am Ostersonntag zum Beispiel. Aber all diese Feiern teilen
andere Menschen mit Euch. Und das ist auch schön. So wie Ihr
natürlich auch heute von Familie, Nachbarn und FreundInnen
begleitet werdet. Und doch ist heute ein herausragender Tag
als alle anderen Jahresfeste zusammen. Die Konfirmation
mit dem Konfirmationsspruch gehört ganz persönlich Euch,
nur Euch! Jedem und jeder einzelnen. Heute seid ganz allein
Ihr der Mittelpunkt eines kirchlichen Geschehens. In dieser
Art gibt es eigentlich nur vier Termine in Eurem ganzen
Leben. Das war einmal Eure Taufe. Das wird wahrscheinlich
einmal Eure Trauung sein. Und am Ende Eures Lebens ein
Abschied, wenn Euer Name ein letztes Mal bewusst genannt
werden wird.

In dieser Reihe ist nun das heutige Fest auch herausragend
als Bestätigung Eures christlichen Glaubens. Eineinhalb Jahre

habt Ihr Euch eifrig darauf vorbereitet, mitgearbeitet, in einem Vorstellungsgottesdienst Euer Wissen und Können der Gemeinde gezeigt. Der eigentliche Sinn dieses Tages ist aber nun Eure feierliche Aufnahme in die Gemeinde, die Zulassung zum Abendmahl und PatInnenamt.

Lügentroll (L trägt ein T-Shirt mit der Aufschrift „Du sollst nicht lügen"):
Sag mal, übertreibst Du da nicht ein bisschen? Du meinst doch nicht allen Ernstes, dass den Jugendlichen dieser Gottesdienst mehr bedeutet als die viele Geschenke nachher und Geldgutscheine und versprochenen Bildungsfahrten und Büfetts und ihre Klamotten und die Kuchenaufbauten und den abendlichen Restaurantbesuch mit musikalischem Ausklang und …

P: Solche Miesepeter habe ich gern. Habe ich denn behauptet, die anschließende Feier und das Essen wären völlig unwichtig? Hab ich das? Also! Ich wage nur zu behaupten, dass dieser persönliche Festtag für die Jugendlichen auch eine besondere geistliche Bedeutung hat mit Gebet und Musik, mit Liedern und Sprüchen …

L: Ist ja doch ganz gut, dass ich wieder einmal in einer Kirche vorbeischaue. Die Leute haben mich nämlich manchmal ganz besonders nötig.

P: In einer Kirche vorbeischauen? Besonders nötig haben? Dürfte ich freundlicherweise einmal wissen, wer Du überhaupt bist und was Du hier mitten in unserem Konfirmationsgottesdienst treibst?

L: Ja, sieht man das denn nicht *(zeigt auf sein T-Shirt)?* Ich bin schlicht und einfach der Lügentroll und tauche überall dort auf, wo es die Menschen in ihrem Leben mit der Wahrheit – wie sagt Ihr hier immer? – nicht besonders ernst nehmen.

P: Und wie bitteschön habe ich das jetzt zu verstehen? Du willst doch nicht etwa behaupten, dass das Lügen gerade in der Kirche fröhliche Urstände treiben würde? Du kannst ja gerne mal die Jugendlichen befragen, wie wir uns Nachmittage lang bemüht haben, den Sinn des 9. Gebotes – nach der Zählung Martin Luthers des 8. – auf unser Leben zu beziehen: „Du sollst nicht falsch Zeugnis reden wider deinen Nächsten"; modern übertragen: „Du sollst nicht lügen." *(Zu den KonfirmandInnen:)* Stimmt das etwa nicht?

L: Habe ich das etwa bestritten. Aber fangen wir einmal bei Dir selber an. Ich behaupte einmal ganz frech von der Leber weg, dass Du Dich gerade eben selbst belogen hast.

P: Mich selber belogen? Na, das würde ich doch gerne etwas genauer wissen wollen?!

L: Schau mein Lieber/meine Liebe, das war doch gerade kaum mehr anzuhören, wie Du den Konfirmationstag aus dem Leben der Jugendlichen in den Himmel gehoben und sie gelobt hast und Dir auch durch sie zukünftig eine volle Kirche versprichst und …

P: Und was ist bitteschön daran verkehrt? Was soll denn sonst der Sinn dieser schönen Feier sein?

L: Na, jedenfalls nicht die Unwahrheit sagen. Und dann auch noch durch eine/n sogenannte/n Geistliche/n. Aber jetzt einmal ernsthaft: Wie viele Jugendliche hast Du in Deinem Leben schon konfirmiert?

P: Was für eine Frage!? Also, wenn ich es mir recht überlege und einmal nachrechne … über 1.000 Jugendliche sicherlich.

L: Aha, und denen hast Du auch Jahr für Jahr erzählt, wie toll sie wären und was sie mit der Konfirmation für ihr Leben erhalten würden …

P: Und? Was wäre daran so verwerflich oder sogar lügenhaft?

L: Muss ich Dir das wirklich noch erklären? Schau Dich doch einmal in Deinem normalen Gottesdienst, im Gemeindeleben unter der Woche um. Siehst Du da noch jemand wieder von den über 1.000 Jugendlichen? Aha! Das meinte ich mit dem Selbstbelügen. Aber dabei bleibt es nicht: Ich habe gewaltig den Eindruck, dass auch sonst das Lügen in der Kirche keine ganz unwichtige Rolle spielt.

P: So, jetzt reicht's mir aber. Du möchtest also eine theologische Diskussion über's 9. Gebot halten? Die kannst Du gerne haben.

L: Da bin ich aber sehr gespannt, wie Du Dich diesmal rausreden willst. In sprachlichen Darbietungen habt Ihr PfarrerInnen ja Übung.

P: Nun mach uns mal nicht schlechter als wir sind! Also: Zunächst einmal geht es in diesem Gebot darum, vor Gericht als Zeuge die Wahrheit zu sagen und eben keine Falschaussage zu machen. Und da bin ich mir jetzt ziemlich sicher: Kein einziger meiner lieben KonfirmandInnen hat auch nur einmal im Leben vor einem Richter die Unwahrheit gesagt.

L: Ach mein Lieber/meine Liebe, so hoch will ich gar nicht hinaus. Natürlich, beim Gericht hat tatsächlich keiner Deiner jungen Leute gelogen, schlicht und einfach aus dem kühlen Grunde, weil sie dort noch nie im Zeugenstand waren. Aber, mal ehrlich, Du möchtest jetzt doch nicht allen Ernstes behaupten, dass Deine KonfirmandInnen die frömmsten und ehrlichsten Lämmer im Dorf wären? So blind kannst doch selbst Du nicht sein. Als ob Deine Schäfchen noch nie z.B. ihre Eltern oder LehrerInnen angelogen hätten, bei Hausaufgaben, beim Zuspätkommen, beim Zimmeraufräumen, bei Computerspielen, bei Verabredungen mit FreundInnen, vielleicht sogar in finanziellen Dingen …

P: Habe ich das denn jemals behauptet? Du wirst lachen, aber die Jugendlichen haben wir selber ganz offen erzählt, in wie vielen Situationen sie schon die Unwahrheit gesagt haben: Aus Angst, aus Bequemlichkeit, manchmal sogar aus dem Versuch heraus, zu testen, wie weit sie dabei gehen könnten. Und glaub's jetzt oder glaub's nicht: im Nachhinein fanden die meisten das alle selber gar nicht mehr so toll. Denn sie haben etwas Neues dabei gelernt: Familien, Beziehungen, Freundschaften, ja viele Verhaltensregeln in unserer Gesellschaft kommen ganz schön ins Schleudern, wenn Menschen nicht mehr die Wahrheit sagen. Dann traut man sich nämlich gegenseitig nicht mehr über den Weg. Man verletzt das Vertrauen anderer und verrät einmal gegebene Versprechen. Und diese Erfahrung sollte die Jugendlichen nicht zum Nachdenken angeregt haben – eben auch zum Nachdenken über das 9. Gebot?

L: Sag mal, in welcher Welt lebst Du eigentlich? Selbst wenn Deine KonfirmandInnen sich ganz fest vorgenommen haben, in ihrem Leben immer die Wahrheit zu sagen, meinst Du wirklich, sie kämen damit weit und blieben auf der Überholspur? Abend für Abend bekommen sie im Fernsehen serviert, wie die vermeintlich ehrlichen Erwachsenen in der Wirtschaft, Politik, Sport oder Kultur es mit der Wahrheit nicht so ganz ernst nehmen. Vor allem dann nicht, wenn es zu ihren Gunsten ist. Oft genug kommen sie dabei völlig ungeschoren davon. Du bist wirklich ein ziemlicher Wahrheits-Träumer!

P: Ungeschoren davon? Also zum einen gibt es zum Glück immer noch gute Gerichte in Deutschland, die sehr wohl und sehr genau auf die Wahrheit achten. Aber vielleicht war mir eines im Gespräch mit den Jugendlichen fast noch wichtiger: Sie sollten lernen zu unterscheiden zwischen einer – sagen wir einmal – verzeihbaren, lässlichen Lüge und einer Lüge, die alles zerstören kann und unverzeihlich bleibt.

L: Ja, ja, so kenne ich Euch PfarrerInnen schon seit Langem. Immer eine butterweiche, selbstgemachten Unterscheidung parat. Immer eine recht windige Ausrede zu Hand, wenn es hart auf hart kommt. Um euch damit die Wahrheit so zurechtzubiegen, wie es Euch gerade mal so in den Kram passt.

P: Jetzt hört sich aber wirklich bald alles auf! Niemand hat ernsthaft in der Kirche jemals behauptet, dass es überhaupt keine kleinen Lügen und verzeihliche Unwahrheiten gäbe. Jeden Tag, irgendwo. Ich kann Dir auch gerne gleich ein aktuelles Beispiel geben. Keine Patentante/kein Patenonkel wird gleich im Anschluss beim Menu auf die Frage, wie denn die Vorsuppe geschmeckt hätte, antworten: „So etwas Entsetzliches musste ich noch nie essen!" – selbst wenn das Süppchen wegen einem verliebten Koch völlig versalzen gewesen ist.

L: Sehr witzig!

P: Nein, das ist nicht witzig, so etwas tut man einfach nicht. Und genauso wenig sagt man einer Konfirmandin/einem Konfirmanden an ihrem/seinem Ehrentag: Deine Frisur sieht aber ganz schön bescheiden aus. Selbst wenn es so wäre. Und warum flunkert man ein bisschen? Weil man Menschen, die einem nahe stehen, nicht unnötig verletzen will und sie auch vor Gelächter schützen möchte. Was ist denn wichtiger: Das Lügenverbot auf Gedeih und Verderb durchzudrücken oder lieben Menschen eine Freude zu machen und sie vor Verletzungen zu schützen?

L: So einfach ist das also: Man kann sich als konfirmierter Christ/konfirmierte Christin die Wahrheit immer so zurechtlegen, wie es einem gerade passt. Und genauso flott darf man dann wohl auch mit den anderen Geboten umgehen: Ein bisschen stehlen, wenn's keiner sieht, kein Problem! Ein bisschen den Feiertag zur Party umfunktionieren; ein bisschen die Eltern hintergehen, neben der Ehe ein bisschen liebäugeln mit anderen Liebesbeziehungen; das alles ist gar nicht so tragisch, wenn man nur nach Außen hin die Fassade einer scheinbaren Christlichkeit aufrecht erhält. Das nennt man dann wohl die Freiheit eines evangelischen Christenmenschen.

P: Wer hätte denn so einen Unfug schon wieder behauptet? Oh nein, die 10 Gebote gelten bei uns in der Kirche sehr, sehr viel. Sie sind doch gerade nicht irgendwelche unmenschlichen, unsinnigen Forderungen, sondern Hinweise, Ratschläge, wie unser Leben unter Gottes Führung wunderbar gelingen kann. Und dabei gilt es tatsächlich in aller Freiheit jedes Mal, immer wieder, sehr genau zu überlegen, was mit einer undurchdachten buchstäblichen Erfüllung geschehen würde; oder aber wie man sie vielleicht ganz individuell, also von Fall zu Fall persönlich auslegen und ins wahre Leben behutsam übertragen sollte.

L: So ist das also: Wenn's einem denn passt, darf man ruhig munter seine Umgebung belügen: Den Nachbarn/die Nachbarin über die scheinbar superbillige Schnäppchenflachbildschirmanlage, den Chef/die Chefin über die liegengebliebenen Aufträge; die Polizei über den nicht getrunkenen Cocktail … Prima Anregungen für junge Leute!

P: Gerade so eben nicht! Ich habe Dir doch eben noch erklärt, dass natürlich die Wahrheit zunächst einmal immer die erste Rolle spielen muss. Sonst funktioniert gar nichts mehr in unserem Zusammenleben. Nichts in der Schule und Betrieben. Und schon gar nichts mehr in der Kirche. Wir Menschen würden uns dann nur noch gegenseitig misstrauen. Das kann's doch wirklich nicht sein. Und doch können Situationen auftauchen, da können Lügen hilfreich sein, ja manchmal sogar Menschenleben retten.

L: Na, die würde ich gern mal kennen lernen.

P: Jetzt sei doch nicht immer gleich so eingeschnappt. Denk doch mal selber nach: Es gab z.B. einmal eine Zeit in Deutschland, da war es lebensgefährlich, eine bestimmte Religion zu haben oder zu einer bestimmten Partei zu gehören oder einer bestimmten Überzeugung anzuhängen. Da gab es dann mutige Leute, die haben diese verfolgten Menschen aufgenommen und versteckt und beschützt. Du meinst doch jetzt nicht allen Ernstes, dass sie die Wahrheit über das Versteck ihrer Schützlinge gesagt haben, wenn plötzlich die Geheime Staatspolizei vor der Tür stand und nach ihnen fragte.

L: Ihr seid doch immer stolz auf Eure Bibelauslegung. Wäre denn so ein Verhalten der Unwahrheit tatsächlich auch von der Heiligen Schrift gedeckt und damit erlaubt gewesen?

P: Gut, dass Du selber endlich einmal die ganze Bibel ansprichst. Ob Du es jetzt glaubst oder nicht: Auch in ihr wird gelogen – sehr oft zum Wohle von Menschen. Da gibt es z.B. ganz zu Beginn eine Geschichte, in der Abraham einem unangenehmen König gegenüber seine Frau als seine Schwester ausgibt, aus berechtigter Angst, weil sonst dieser Herrscher ihn umgebracht hätte und seine Frau in dessen Harem verschwunden wäre. Abraham, der Urvater der Glaubens von Juden, Christen und Moslems – ein Lügner, einzig und allein aus dem Grund, um schlimmere Gefahren abzuwenden – leuchtet so ein Verhalten selbst Dir nicht ein?

L: Ist ja ganz gut, dass wir endlich beim Heiligen Buch gelandet sind. Schon zu Beginn: Wie steht es denn dort mit der Schlange, die Eva im Paradies belügt, Eva, die Adam belügt, und beide, die Gott belügen? Und deren Sohn Kain, der nach einem Brudermord auf die Nachfrage Gottes nach seinem Verbleib nichts anderes zu sagen hat als: „Keine Ahnung, wo der gerade steckt!"? Und am Ende: Die vielen sogenannten Lügenpropheten, die bewusst die Unwahrheit über schlimme Verfehlungen der Mächtigen sagen, und deshalb im letzten Buch der Bibel, der Offenbarung, in einem „feurigen Pfuhl" landen werden. Das sollen alles ganz nebensächliche Geschichten sein, die längst keine Bedeutung mehr für uns hätten?

P: Oh nein: Deine Beispiele zeigen ja gerade das genaue Gegenteil auf. Fängt der Mensch nämlich an, Gott gegenüber die Unwahrheit zu sagen, dann vollzieht er selber den ersten Schritt aus einem paradiesischen Leben heraus und muss sich auf einen beschwerlichen Erdenweg begeben. Aber, lies mal genau, selbst dem Brudermörder Kain gibt Gott nach seiner schweren Lüge noch eine zweite Lebenschance. Übrigens ganz zu schweigen vom Segen, der über Jakob lag. Jakob, der sprichwörtliche Lügner, der seinen eigenen Vater nach Strich und Faden hintergeht, sich als sein Bruder Esau verkleidet, um sich den Segen zu ergattern – und dennoch nach einer Nacht- und Nebelflucht am Ende zum Stammvater Israels wird. Ein großmäuliger Petrus, der seinem Herrn das Blaue vom Himmel verspricht, ihn dann aber verrät und völlig schutzlos lässt – und dem dann aber trotzdem vom gleichen Herrn nicht nur verziehen, sondern ein Auftrag zur Gemeindegründung übergeben wird. Also, die Bibel ist durchaus eine große Menschenkennerin: Sie unterscheidet sehr genau, wie schwerwiegend eine Lüge ist, ob Gott dabei verachtet oder manchmal eben auch durch krumme Wege ein Mensch gerettet und damit einem höheren Lebensziel gedient wird.

L: Hm…, so ganz unberührt lassen mich Deine Geschichten jetzt nicht. Du meinst also, es gibt einerseits Lügen, die nur zum eigenen Vorteil eingesetzt werden und damit andern schaden; aber auf der anderen Seite dann doch auch solche, die gerade andere Menschen achten, schützen, vielleicht sogar hochschätzen wollen. Und all dies vielleicht sogar im Auftrag Gottes tun?

P: Ja, mein Lieber, die Gebote Gottes und speziell nun heute das Lügengebot sollten auch von einem Lügentroll sehr differenziert gesehen werden. Lügen, da hast Du völlig recht, sind zunächst einmal nichts Menschliches. Woher man das weiß? Nun, Lügen sind nicht angeboren, erst im Alter von circa vier Jahren merken Kinder, was in anderen Menschen vor sich geht, z.B. dass die Eltern manchmal weniger wissen, als ihre Kinder. Und das nutzen die Kleinen dann schon einmal gerne aus. Aber grundsätzlich sagen Kinder doch lieber die Wahrheit. Und noch etwas: Kluge PsychologInnen haben die Behauptung aufgestellt, ab und an wäre es eigentlich völlig normal und gesund, sich selber ein bisschen was vorzuschwindeln, weil dies einem gesunden Selbstvertrauen dienen würde. Weißt Du im Übrigen, wie oft durchschnittlich ein Mensch am Tag lügt?

L: Ich? Woher sollte ich so etwas wissen. Ich tue doch so etwas nie?

P: Na, das bezweifle ich doch stark. 200-mal lügt täglich ein Mensch. Das beginnt schon mit der Antwort auf das eigene

Befinden: „Danke, mir geht es sehr gut!", auch wenn die Stimmung völlig im Keller ist. Manches legt man sich halt zurecht, um halbwegs unbeschadet durch den Tag zu kommen. Und was vielleicht auch noch interessant für Dich ist: Männer und Frauen lügen über unterschiedliche Dinge. Männer sagen am häufigsten die Unwahrheit, na, über was …? *(An die Gemeinde und den Lügentroll gerichtet:)* Stimmt, über ihr Auto, ihren Job und ihre Freizeitaktivitäten. Und Frauen schummeln am liebsten … *(na?)*, jawohl, über ihr Gewicht, ihr Alter und ihre Partnerschaft.

L: Verstehe ich das jetzt richtig: Das 9. Gebot ist also letzten Endes dafür da, dass Deine KonfirmandInnen selber sehr genau überlegen sollen – eigenverantwortlich, sagt man wohl heute dazu –, wie sie es in ihrem Leben umsetzen, damit sie Gott, andere und natürlich nicht zuletzt auch sich selbst möglichst zufrieden, vielleicht sogar glücklich dabei machen? Und mit der Erfüllung der anderen Gebote steht's dann vielleicht ebenso?

P: Siehst Du, mein guter Lügentroll, jetzt haben wir uns zuletzt doch ein wenig angenähert. All das, was diese jungen Menschen in unserer Kirche gelernt haben, das sollen sie immer wieder durchdenken und versuchen, es ganz persönlich in ihr eigenes Leben umzusetzen. Und das kann – je nach Situation – auch mal zu unterschiedlichen Entscheidungen führen. Sie sollen keine toten Anweisungen einfach nachbeten. Viel mehr wird ihnen zugetraut, nämlich Verantwortung zu übernehmen, die sie ab heute jeder und jede für sich umsetzen können. Deshalb ist dieser Konfirmationstag ja auch so herausragend. Die Gebote liegen in ihrer Hand. Sie dürfen sie jetzt so umsetzen, dass möglichst viel Liebe wächst, und möglichst wenig Verletzung dabei entsteht. Und damit sie nie vergessen, wie wichtig diese Regeln für unser Leben sind, bekommen auch sie gleich nach ihrer Einsegnung ein T-Shirt geschenkt, so eines wie Du, lieber Lügentroll, es anhast. Allerdings in etwas kleineren Größen! Damit sie die Gebote Gottes nicht nur im Kopf, sondern immer auch über dem Herzen tragen. Und das war doch auch Dein größtes Anliegen heute, nicht wahr?
Amen.

3 „Die Farben Gottes"

I. ANMERKUNG:

Für die Predigt während dieses Konfirmationsgottesdienstes braucht
man vier Stolen in den Farben rot, grün, violett und weiß, die der/
die PfarrerIn bei der jeweiligen Besprechung sich umhängen. Besonders festlich sehen diese – falls vorhanden – auf einer Albe aus.
Ebenfalls während der Predigt werden nach den entsprechenden
„Farbabschnitten" die vier Strophen des Liedes „Gott, Du bist wie
buntes Licht" gesungen.

Nach der Einsegnung bekommen die KonfirmandInnen ein
Kreuz geschenkt, das je nach Wärme seine Farbe verändert. Dies
ist zu beziehen über Versandbuchhandlungen wie z.B. „Neues Buch".

II. BEGRÜSSUNG:

Liebe Konfirmandinnen und liebe Konfirmanden, liebe Eltern und
Großeltern und PatInnen, Verwandte und Gäste, liebe Gemeinde!

Ganz herzlich möchte ich Euch und Sie alle zum Konfirmationsgottesdienst in unserer Kirche willkommen heißen. Ich kann mir
lebhaft vorstellen, was für eine Fülle von Vorbereitungen und an
Planungen hinter Ihnen liegen: Gäste wollen eingeladen, das Haus
aufgeräumt und das Essen organisiert werden, neue Kleider angeschafft und, wer weiß, vielleicht auch manche Unstimmigkeiten
geglättet werden. Da mag es kein Wunder sein, dass es einem bei
den vielen Herausforderungen manchmal vielleicht schwarz vor
Augen wurde; oder sich in aller Überforderung graue Gedanken
eingeschlichen haben. Aber hier, in dieser Kirche, soll von diesen
trüben Farben nun nichts mehr zu verspüren sein. Denn wir dürfen diesen Gottesdienst unter dem Schutz dessen feiern, der seinen
bunten Regenbogen über unser aller Leben gesetzt hat und mit all
seinen leuchtenden Farben auch diesen Gottesdienst strahlend an-

malen will. In seinem Namen, dem Namen des Vaters und des Sohnes und des Heiligen Geistes sind wir jetzt beisammen. Seine Farben, die Farben Gottes, sollen deshalb auch zu den jungen Menschen, die heute konfirmiert werden, ganz besonders sprechen.

III. Psalm: 139,1–14

IV. Lieder:

Lobe den Herren, den mächtigen König der Ehren (EG 317,1–5); Laudato Si (Lieder zwischen Himmel und Erde, tvd-Verlag, 146,1–4); Gott gab uns Atem (EG 432,1–3); Bewahre uns, Gott, behüte uns, Gott (EG 171,1–4); Herr, deine Liebe ist wie Gras und Ufer (tvd, 224,1–4); Nun danket alle Gott (EG 321,1–3)

V. Lesung:

Die Seligpreisungen (in moderner Übertragung). Siehe unter *2. V.*

VI. Fürbittengebet:

(Nach Franz von Assisi:) O Herr, mach mich zu einem Werkzeug deines Friedens (z.B. EG, Ausgabe für die Ev. Kirche im Rheinland, 875).

VII. Segen:

Gott, die Kraft aus den Tiefen, durchströme Dich. Gott, die Kraft aus den Höhen, bewege Dich. Gott, die Kraft aus der Mitte, halte Dich. Gott segne Dir diesen besonderen Tag.

VIII. Predigt: „Die Farben Gottes" – Eine Regenbogenpredigt über die Buntheit des Christenlebens

Liebe Konfirmandinnen und Konfirmanden, liebe Eltern, Großeltern und PatInnen, liebe VerwandtInnen und FreundInnen, liebe Gemeinde!

Unser Gott hat keine graue Welt geschaffen. Gerade auf dem Weg hierher zu diesem Konfirmationsgottesdienst wird es Euch und Ihnen wieder aufgefallen sein, wie gerade im wunderschönen Monat Mai die Farben in der Natur nur so explodiert sind. Seht, nicht umsonst hat dieser Gott als sein besonderes Merkmal nicht etwa graue Sturmwolken ausgesucht, sondern hat mit dem buntschillernden Regenbogen für alle Zeiten eine farbige Brücke zu uns geschlagen. Insofern freue ich mich auch an diesem Tag über Eure bunten Kleider und die farbigen Anziehsachen Eurer Verwandten. Ich weiß wohl, dass man früher „schwarz-weiß" zur Konfirmation ging; und das machte sicherlich auch einen besonders ernsten und feierlichen Eindruck. Aber, wenn ich die Bibel recht verstehe, hat Gott Euch KonfirmandInnen ja gerade nicht als genormte graue Mäuse geschaffen, sondern – wenn ich das einmal ein wenig kess sagen darf – als „bunte Hunde", die in sehr unterschiedlicher, unvergleichlicher Weise ganz eigene Geschöpfe und Persönlichkeiten sind. So wird es Euch vielleicht gar nicht so sehr verwundern, dass ich heute einmal besonders über die Farben Gottes reden möchte. Wahrscheinlich ist Ihnen und Euch schon aufgefallen, dass auch unser Liturgieblatt heute besonders bunt gestaltet ist. Auch das soll ein Zeichen dafür sein, dass Ihr, liebe KonfirmandInnen, in Eurem Leben unterschiedlichen Farben – und damit eben auch unterschiedlichen Situationen und Farbstimmungen – begegnen werdet. Aus diesem Grund hat auch die Kirche das ganze Jahr und damit auch unser Leben in vier Farben eingeteilt, die Euch sicherlich im Gottesdienst auf dem einen oder anderen Stoffbehang aufgefallen sind. 1570 wurden diese vier Farben endgültig von Papst Pius V. festgelegt. Und ich möchte nun in dieser Ansprache nichts anderes tun, als diese vier Farben in ihrer Bedeutung zu beschreiben und sie dann vor allem auf Eure Lebenssituationen beziehen. Denn diese werden von Gott selber bunt gestaltet. Und um das auch ganz augenfällig zu machen, habe ich mir heute diesen weißen Talar, eine Albe, angezogen. Wenn wir über die einzelnen Farben gleich nachdenken, werde ich mir jedes Mal die entsprechende Stola umhängen, damit Euch so der passende Farbeindruck vermittelt wird. Und noch etwas: Nach der Erklärung jeder Farbe möchte ich mit Ihnen und mit Euch einen Liedvers singen, der musikalisch noch einmal zusammenfasst, was wir vorher gehört haben. Diese Strophen werden von einem Refrain umgeben, den Sie – mit allen Versen zusammen – auch auf Ihrem Liedblatt finden. Ihn wollen wir nun zusammen kurz einüben: „Gott, Du bist wie buntes Licht, Deine Farben sind das Leben. Du verlässt die Menschen nicht, hast das Leben uns gegeben."

(Rote Stola): Und hier ist sie, die erste Farbe: Rot! Vielleicht verwundert Ihr Euch jetzt, aber sie ist in der Tat die allererste Farbe, die Menschen gefunden und bei den frühesten Höhlenmalereien verwendet haben. Man bezeichnet sie auch als Ur-Farbe, weil sie natürlich eine lebenswichtige Bedeutung hat: Rot ist das Blut; für die Menschen in Urzeiten der Lebensquell. Deshalb haben auch die jüdischen Gelehrten in ihrer hebräischen Sprache nicht ohne Grund das gleiche Wort für „Rot" und „Blut" verwendet. Aber sie ist natürlich auch die Farbe des Feuers, der Wärme und Glut, ohne die man – gewärmt und beschützt – nicht überlebt hätte. Wisst Ihr, von dort ist es gar kein weiter Weg mehr, in der Farbe Rot so etwas wie den „brennenden" Ausdruck für den christlichen Glauben zu finden. Vielleicht erinnert Ihr Euch noch an die Erzählung, in der Gott Mose aus einem feurigen Dornbusch heraus anspricht. So „heiß" – vor Liebe brennend – ist Gott auf seine Menschenkinder. Rot, das wisst Ihr, hat sich auch deshalb bis in unsere Tage hinein als Farbe der Liebenden gehalten; und wenn Ihr eines Tages Euren ersten Liebesbrief schreibt – vielleicht habt Ihr das ja längst schon getan –, dann werdet Ihr ihn wahrscheinlich auch mit einem roten Herz, in dem Euer Name steht, unterschreiben. Auch das kommt daher, dass man Gottes Liebe immer schon mit der Farbe Rot in Verbindung gebracht hat. Sie ist die Farbe, die Euch, meine lieben KonfirmandInnen, Euer Leben lang deutlich machen soll, wie intensiv Gott Euch liebt und mit seinem ganzen Herzen Eure Jahre begleiten und erwärmen will. Vielleicht ist die Farbe Rot so etwas wie der Grundton für alle weiteren Erlebnisse und Empfindungen. Wenn Ihr Euch auf diese Gottesliebe verlasst, die wie ein Feuer für Euch brennt und ihr Blut für Euch verschenkt, dann wird auch Euer Leben nie herzlos, unterkühlt oder sinnlos sein. Nicht ohne Grund hat man deshalb das Pfingstfest, das wir in einem Monat feiern werden, mit dieser Farbe verbunden, weil diese intensive Nähe Gottes vor allem durch seinen guten Geist auch heute noch spürbar ist. Und deshalb werden auch die Paramente, Stoffe, die an Altar und Kanzel hängen, zum Reformationsfest in Rot gehalten: Denn gerade zur ständigen Erneuerung und Wiederbelebung unserer Kirche ist Gottes Herz besonders gefragt. Erhaltet Euch diesen roten Faden für Euer Leben! Wisst Ihr eigentlich, woher dieser Ausdruck kommt? Nein, nicht, wie manche denken, vom Ariadnefaden des Orpheus, sondern aus der englischen Marine! Sie

hatte mitten in ihre aufgerollten Taue immer einen roten Faden hineingeschmuggelt, damit man – im Falle eines Diebstahls – genau erkennen konnte, wem die Seile wirklich gehörten. Eben so gehört auch Ihr als konfirmierte Christen durch die Farbe Rot – Gott allein. Wie ein roter Feuerlöscher, wie eine rote Notbremse wird Euch dieser Glaube an seine Liebe ein Leben lang warnen und beschützen.

Und deshalb singen wir nun auch die 1. Strophe unseres Liedes „Gott Du bist wie buntes Licht", beginnend und endend mit dem Refrain: „Rot das Feuer, Glut und Flamme, Wärme und Stärke fühle ich, und ich ahne das Geheimnis: Gottes Liebe trägt auch mich."

(Grüne Stola): Wir kommen zur nächsten Farbe, der Farbe Grün. Natürlich werdet Ihr Euch alleine denken können, wofür diese steht: Schon in der Schöpfungsgeschichte wird mit dieser Farbe das „Kraut", das alle Tiere zu essen bekommen, beschrieben. In der Tat, sie ist die Symbolfarbe für die ganze Natur, der Pflanzen und Bäume, von Vegetation und damit allen blühenden Lebens. Kräuter und Blätter, manch frisches Obst und Gemüse ist grün. Das ist wohl auch der Grund, warum Menschen, denen die Bewahrung der Schöpfung besonders am Herzen liegt, diese Farbe als ihren Namen, ihr Markenzeichen ausgewählt. Mit Sicherheit fallen Euch aber darüber hinaus zwei Bibelstellen ein, in denen diese Farbe ebenfalls vorkommt: „Er weidet mich auf einer grünen Aue und führet mich zum frischen Wasser." – Psalm 23, den Ihr gelernt habt! Um die Lebenskraft geht es dabei, die Gott Euch als Euer guter Hirte jeden Tag schenken will. Die Mystikerin Hildegard von Bingen lobte in diesem Zusammenhang die „Grünkraft" aller Heilkräuter und Pflanzen. Den anderen Vers des Propheten Jeremia habt Ihr einmal selber in einem Vorstellungsgottesdienst zitiert: „Auch wenn die Hitze kommt, fürchtet sich (ein gesegneter Mensch wie) ein Baum nicht, sondern seine Blätter bleiben grün." (Jes 17,8b). Darin drückt sich die Hoffnung aus, die man ja bis heute mit der Farbe grün verbindet, nämlich dass Gott auch nach schweren Zeiten neues Wachsen, Erblühen, einen neuen Frühling also nach Dunkelheit und Kälte kommen lässt. Andererseits: Macht Euch deshalb nichts daraus, wenn einige Erwachsene Euch heute noch als „Grün-Schnäbel" bezeichnen. Denn schon im Mittelalter

wurden auf alten Altarbildern die Heiligen mit grünen Mänteln versehen, ein Zeichen dafür, dass auch diese GlaubenswanderInnen von Gott selber mit Geduld, Weitherzigkeit, Barmherzigkeit und immer wieder einer Chance zum Neuanfang beschenkt wurden. Liebe KonfirmandInnen, nehmt deshalb auch diese Farbe in Euer Leben mit: Sie soll Euch einerseits ein Zeichen dafür werden, dass Ihr liebevoll und verantwortungsbewusst mit der Euch anvertrauten Natur und Schöpfung umgeht. Andererseits soll Grün die Farbe sein, die Euch daran erinnert, wie die Kraft Gottes Jahr für Jahr in Euch wachsen und neue Früchte bringen wird. Deshalb tragen alle „normalen" Sonntage, vor allem natürlich in der Sommerzeit, diese Farbe. Ist es doch meist der Alltag, in dem – übrigens oft im Verborgenen – die grüne Hoffnung ihre Kraft entfaltet und wächst.

Wieder singen wir den Refrain, dann die Strophe zur Farbe Grün und anschließend noch einmal den Refrain: „Grün die Pflanzen, grün die Bäume: Wachsen und Werden spüre ich. Und ich ahne das Geheimnis: Gottes Kräfte stärken mich."

(Violette Stola): Mit dieser Farbe, Lila, Violett, werden in der Kirche und in unserem Leben Zeiten beschrieben, die nicht ganz einfach sind. Sie ist – wie soll ich sagen? – eine Farbe, die etwas mit den manchmal schwierigen Übergängen und Wechseln unseres Lebens zu tun hat. Ihr seid mit Euren vierzehn Jahren inzwischen auch alt genug, um zu wissen, dass das Leben nicht alle Tage aus fröhlichen und leuchtenden Farben besteht. Unsere Welt kennt eben auch Krankheiten und Leid. Auch unser eigenes Leben ist manchmal randvoll an Enttäuschungen und Verletzungen, Ungerechtigkeiten und Streit. Der christliche Glaube wusste immer schon, dass man diese schwierigen Zeiten nicht einfach verdrängen darf. Auch während eines schönen Konfirmationsgottesdienstes sollte man deshalb nicht einfach so über sie hinweggehen. Dabei erinnert sich die Kirche zunächst immer daran, dass auch Jesus Leid zu spüren bekam. In einer seiner dunkelsten Stunden wurde er in einen purpurnen, lila Mantel gehüllt – übrigens ursprünglich das Zeichen für ein Herrscherkleid! – und dann geschlagen und gequält. Das war der Grund, warum man für die Passionszeit auf die Farbe Violett zurückgriff. Sie wurde Leidenszeiten zugeordnet, in denen man innerlich und still Ausschau hielt nach Antworten auf unge-

löste Glaubensfragen. Hilfe empfand man dabei im Bedenken des Mit-Leidens Christi. So wurde in der evangelischen Kirche das violette Kreuz zur Kirchenfarbe, um damit auch die Nähe zu diesem nahen Herrn – in allen Lebenslagen – auszudrücken. Violett redet über die Zeiten des Lebens, in denen Einkehr, Fasten, auch Umkehr und Buße angesagt sind. Der Kirche war es immer wichtig, auch diese Möglichkeiten für ihre Gläubigen nicht nur farblich festzuhalten. Also, liebe KonfirmandInnen, ihr braucht Euch nicht zu schämen, wenn ihr etwa in den Wochen vor Ostern oder auch der Adventszeit, nicht einfach gedankenlos ständig weiterlebt wie sonst auch. Leben besteht nicht nur aus Trubel. Immer wieder – in zahllosen Gottesdiensten und Veranstaltungen – bietet unsere Gemeinde Euch an, Ruhe zu erleben, den Alltag zu unterbrechen, um so Euch und Euren Glauben auch wiederzufinden. Leben besteht eben auch aus Scheitern, Enttäuschungen und Schwierigkeiten. In solchen Moment ist es gut, dass es in Ruheräumen die violette Kirchenfarbe gibt. Sie macht Euch Mut, zu den Übergängen und Veränderungen Eures Lebens zu stehen; weil Christus Euch dabei begleiten will.

Wir singen wieder unseren Refrain, schließen die Strophe zur Farbe Violett an und wiederholen den Kehrvers: „Violett die Kirchenfarbe, stille Zeiten brauche ich. Und ich ahne das Geheimnis: Gottes Segen sucht auch mich."

(Weiße Stola): Wir sind bei der letzten Farbe Gottes angelangt, die man als Stola auf der Albe kaum erkennen kann: Die Farbe Weiß. Sie ist der festliche Höhepunkt eines jeden Kirchenjahres; so wie ja auch nicht ohne Grund bis zum heutigen Tag bei aller Buntheit auch das strahlende Weiß in den Kleidern zur Konfirmation – oder auch Kommunion – sein Recht behalten hat. Weiß erinnert zunächst einmal an die Farbe des ersten Lebens, des Ur-Lebens, des Eies. Und sie zielt auf das wunderbar neugeschaffene Leben im Taufkleid der Christusgläubigen. Nicht ohne Grund wird deshalb auch der auferstandene Christus oft in einem leuchtenden Gewand dargestellt. Weiß erzählt eben vom Wunder einer neuen Welt, und des neuen ewigen Lebens aus Gott. So beschreibt die Bibel die Kleider Jesu auch während seiner Verklärung auf dem Berg als leuchtend weiß, ebenso im Übrigen wie die Gewänder der Engel am leeren Grab. Auch die Kleider der MärtyrerInnen und standhaft Geblie-

benen mitten in den Schwierigkeiten von Verfolgung und Leid beschreibt die Offenbarung des Johannes mit der Farbe Weiß. Liebe KonfirmandInnen, zusammen mit Euch sind wir alle noch unterwegs auf diese Farbe hin, zur leuchtenden Ewigkeit Gottes. Aber schon hier, mitten im Ablauf des Kirchenjahres, dürfen wir immer wieder einen Blick werfen auf diese strahlende, reine, neue, weiße Gotteswelt. Deshalb werden die wunderbarsten Christusfeste Weihnachten und Ostern mit dieser Farbe versehen. Sie wird zum Abbild für das Lamm Gottes, das leuchtend weiß mitten in unsere Welt gekommen ist, um dem schwarzen Tod die helle Auferstehungssonne entgegenzuhalten. In Gestalt einer weißen Taube wird diese Hoffnung als guter Lebensgeist mit Euch ziehen. In den weißen Lilien auf dem Felde und im Weiß des Brautkleides wird auch in Eurem persönlichen Leben diese Schönheit Gottes immer wieder aufleuchten.

Steht zu dieser Ausstrahlung Gottes und sing mit mir nach dem Refrain die letzte Strophe über die Farben Gottes: „Weiß die Feste und das Glück, Auferstehung glaube ich. Und ich ahne das Geheimnis: Gottes Geist belebt auch mich.“

Damit sind wir am Ende unserer Farben-Reise durch das Kirchenjahr und Euer ganzes Leben angelangt. Nehmt die Regenbogenfarben Gottes mit auf Euern Weg: Rot, Grün, Violett und Weiß. Dann wird es Euch gelingen, durch Euern Glauben alle Zeit „Farbe zu bekennen“. Denn Ihr werdet damit sichtbar machen, wer Euch – denkt an die Farbe Rot – geschaffen hat; wer Euch – Grün! – ständig wachsen und reifen lässt; wer – violette Zeiten! – Eure schwierigen Phasen begleitet; und schließlich, wer Euch zuletzt – ganz in Weiß – in seine Herrlichkeit aufnehmen wird.

Amen.

4 „Schwerter zu Pflug- scharen" (Micha 4,3)

I. ANMERKUNG:

Bei dieser Konfirmation wurde den KonfirmandInnen ein T-Shirt nach der Einsegnung geschenkt, das mit dem Emblemsticker „Schwerter zu Pflugscharen" (erhältlich über die Organisation der „Ökumenischen Friedensdekade", c/o Kontenpunkt e.v., Beller Weg 6, 56290 Buch/Hunsrück) versehen und in eine Papiertaube eingewickelt war. Das Bild, das bei der Predigt besprochen wird („Taube" von Yvonne Hoppe-Engbring) ist über den Junker-Verlag auch als Titelbild für das Liturgieblatt erhältlich.

II. BEGRÜSSUNG:

Liebe Konfirmandinnen und liebe Konfirmanden, liebe Eltern, Großeltern und PatInnen, VerwandtInnen und Gäste, liebe Gemeinde!

Ganz herzlich möchte ich Sie und Euch alle zu diesem Konfirmationsgottesdienst hier in der Kirche willkommen heißen. Es ist schon ein besonderer Tag, der nach eineinhalb Jahren Unterricht vor unseren Jugendlichen liegt. Mit der Konfirmation werden sie offiziell in die christliche Gemeinde aufgenommen und bekommen damit die Möglichkeit geschenkt, mit kirchlicher Begleitung ihren ganzen Lebensweg unter Gottes Segen zu verstehen. Aber das ist nicht immer eine ganz einfache Sache. So viele andere Anregungen und Vorschläge wollen mit ihren Versprechungen und Traumbildern auch Einfluss auf das Leben junger Menschen nehmen. Da ist es sicherlich gut, dass wir in diesem Konfirmationsgottesdienst noch einmal auf ein besonderes christliches Symbol sehen dürfen, das die Jugendlichen zu einem großen Lebensziel ermutigen will. Und so feiern wir auch dieses Fest im Namen Gottes, der diese

Welt so wunderbar geschaffen hat; im Namen seines Sohnes Jesus Christus, der uns vorgelebt hat, wie seine Liebe das hellste Licht für unseren Lebensweg ist; und im Namen des Heiligen Geistes, der uns an diesem Tag Mut, Tatkraft und Fantasie für ein Leben als ChristInnen schenken will. Amen.

III. PSALM: 1 (in moderner Übertragung). Siehe unter *2. III.*

IV. LIEDER:

> Lobe den Herren, den mächtigen König der Ehren (EG 317, 1–4); Gott gab uns Atem (EG 432,1–3); Freunde, dass der Mandelzweig (Lieder zwischen Himmel und Erde, tvd-Verlag, 268,1–4); Unfriede herrscht auf der Erde (tvd, 277,1–3); Bewahre uns, Gott, behüte uns, Gott (EG 171,1–4); Herr, deine Liebe ist wie Gras und Ufer (tvd, 224,1–4); Möge die Straße uns zusammenführen (tvd, 89,1+2+4); Nun danket alle Gott (EG 321,1–3)

V. LESUNG:

> Die Seligpreisungen (in moderner Übertragung). Siehe unter *2. V.*

VI. FÜRBITTENGEBET:

> Herr Jesus Christus! Du entlässt uns alle an diesem Tage nicht ohne Traumbilder von einer neuen Welt. Wir danken Dir, dass Du den Jugendlichen, die heute konfirmiert wurden, Symbole Deiner Nähe mit auf ihren Lebensweg gibst. Da schwebt die Taube über ihnen und schenkt ihnen ein Ölblatt als Zeichen, wie fürsorglich und gut es Gott mit ihnen meint. Da werden sie mit dem heutigen Tag in das Schiff der Gemeinde aufgenommen, um auf Deck ihre Kirche mitzusteuern; orientiert am Leuchtturm Deiner Liebe. Auch ein Engel von Dir wird um sie sein, wenn sie in schwierigen Zeiten die Orientierung zu verlieren drohen. Vor allem aber hast Du ihnen heute die Möglichkeit geschenkt, mitzuwirken, dass aus Unwahrheit Wahrheit, aus Verzweiflung Hoffnung, aus Angst Vertrauen, aus Hass Liebe und aus Krieg Frieden wird. Gib ihnen Mut und Fantasie, in der Schule und später in ihrem ganzen weiteren Leben Pflugscharen aus Schwertern

und Sicheln aus Speeren zu schmieden. Schenke ihnen die Erfahrung, wie befreiend es sein kann, wenn bedrohliche Mittel ihr Gesicht verändern und plötzlich der Versöhnung, dem Frieden und der Gerechtigkeit dienen können. Lass sie dabei herausfinden, wie wahres, erfülltes Leben nur dann wächst, wenn alle Deine Kinder friedlich unter dem Feigenbaum sitzen und die Früchte ihres Weinstocks genießen können. Begleite die KonfirmandInnen an allen wichtigen Wegkreuzungen ihres Lebens, dass sie sich nicht von falschen zerplatzten Träumen entmutigen lassen, sondern sich festhalten an dem Bild Deines Hauses, in dem sie zusammen mit allen Völkern der Erde einmal in Frieden werden wohnen dürfen.

VII. Segen:

Leicht werde Dein Herz / trotz der Gewichte. / Behutsam zu sein, / verlerne Deine Hand nicht / und nicht der anderen Hände. / Lebendig sei Dein Geist und widerstehe / dem zausenden Wind der Zeiten. / Warm sollst Du es haben, / bei Regen und Sturm geschützt / vor der kalten Nässe. / Schön sollst Du sein / wie der Glanz eines Gefieders / und geschützt von der Liebe Gottes / wie unter den Schwingen / des Adlers leben. (Aus Irland)

VIII. Predigt:

In den letzten Tagen aber wird der Berg, darauf des Herrn Haus ist, fest stehen, höher als alle Berge und über die Hügel erhaben. Und die Völker werden zu ihm strömen, und viele Nationen werden hingehen und sagen: Kommt, lasst uns hinauf zum Berge des Herrn gehen und zum Hause des Gottes Jacobs, damit er uns in seinen Wegen unterweise und wir auf seinen Pfaden gehen. Denn von Zion aus wird Weisung ausgehen und das Wort des Herrn von Jerusalem. Er wird für Recht sorgen zwischen vielen Völkern und mächtigen Nationen Recht sprechen selbst in fernen Ländern. Dann werden sie ihre Schwerter zu Pflugscharen schmieden und ihre Speere zu Sicheln. Keine Nation wird gegen eine andere das Schwert noch erheben, und das Kriegshandwerk werden sie nicht mehr erlernen. Ein jeder wird friedlich unter seinem Weinstock sitzen und neben einem Feigenbaum wohnen. Niemand wird sie dort mehr aufschrecken. Denn der Mund des Herrn der Heerscharen hat dies zugesagt. Ein jedes Volk wandelt im Namen des eigenen Gottes, lasst uns aber gehen im Namen des Herrn, unseres Gottes, für alle Zeit und Ewigkeit. (Micha 4,1–5)

Liebe Konfirmandinnen und liebe Konfirmanden, liebe Eltern und Großeltern und PatInnen, liebe VerwandtInnen, Nachbarn und FreundInnen, liebe Gemeinde! – Wir leben in einer Welt voller Bilder, in einer richtigen Bilderwelt. Und wer etwas auf sich hält, entwickelt für sein Produkt ein Markenzeichen. Einer meiner Söhne geht am liebsten in einem der MEXX-Läden einkaufen, weil ihm der dortige Stil der Textilien am meisten zusagt. Und der eben „in" ist. Nicht wahr, im Grunde habt doch auch Ihr schon in der Grundschule gelernt, dass Ranzen mit dem „For You-" oder „Scout"-Aufnäher Anerkennung bei den MitschülerInnen hervorrufen. Wer das Symbol mit einem Haken auf seinem T-Shirt trägt, weiß, dass die anderen ihn als Nike-Fan achten. Es gibt nur *einen* Mercedes-Stern, auch wenn andere Automarken zumindest versuchen, ihn etwas neidisch zu kopieren. Nur *ein* Logo hat ein magentafarbenes T, das in aller Welt und in jeder Lebenslage zum Telefonieren verführt. Bilder und Symbole erzählen eben immer eine ganze Geschichte: Wozu man das Produkt erfunden hat; wie es einen an ein bestimmtes Ziel führt; vor allem auch, wie man damit andere beeindrucken kann. Offensichtlich sind wir Menschen auf solche „Leuchtzeichen" ansprechbar, denen wir uns anvertrauen, an die wir uns halten wollen, damit unser Leben glücklich gelingt.

Interessanterweise hat sich ja auch Eure Gruppe beim Vorstellungsgottesdienst mit Symbolen, christlichen Symbolen beschäftigt. Daran möchte ich heute bei Eurer Konfirmation anknüpfen. Auch mit einer Bilderwelt. Einer biblischen Bildgeschichte. Die Bilder findet Ihr vorne auf dem Liturgieblatt. Einige der Symbole werdet Ihr darauf sofort erkennen, weil sie Euch wahrscheinlich seit Kindertagen vertraut sind. Unübersehbar prangt die Taube mit dem Ölzweig in der Mitte der farbigen Darstellung. Immer schon diente sie als verheißungsvolles Bild für Gottes Versprechen, seine Welt trotz mancherlei katastrophaler Ereignisse niemals aus seiner Fürsorge fallen zu lassen. Dahinter leuchtet das bekannteste Kennzeichen der Kirche und aller christlichen Gemeinde auf: das Kreuz. Auf unserem Bild hat es einen grünen Stamm, weil es sich mitten in unserem Erdenleben verankert. Zum Himmel hin aber glänzt es leuchtend in die Welt hinaus, um über den Alltag hinaus Zukunft und Ewigkeit anzuzeigen. Das ist die Geschichte Jesu Christi, dem Mittel- und dem Höhepunkt unseres Glaubens. Darunter segelt ein Schiff. Immer schon war es das Bild für die Gemeinde, die selbst über haushohe Wellen unterwegs bleibt auf Gottes Hafen zu. Es lädt auch Euch heute ein, einzusteigen und damit teilzunehmen an der Kirchenfahrt über die Meere der Welt. Das geht, das ist machbar, weil von oben her ein Engel, ein Bote Gottes Euch begleitet, in himmlischen Blau gehalten, um mit seinen ausgebreiteten Händen Eure Lebensfahrt zu segnen.

Ja, aber darüber hinaus fallen auf dem Bild nun doch noch zwei Berge auf, links und rechts, als ob sie – fast etwas ungeduldig – zur Bildgeschichte des Propheten Micha überleiten wollen. Seine farbenprächtige Lebenswandergeschichte hat die Menschen in früheren Zeiten so beeindruckt, dass ein späterer Prophet, Jesaja, sie fast wörtlich noch einmal auf seine Schriftrolle übertragen hat. Wahrscheinlich auch deshalb, weil in dieser Geschichte so ungemein plastisch beschrieben wird, auf welches Ziel die Menschen Gottes zugehen dürfen; also auch Ihr nach Eurer Konfirmation. Euer Weg, er wird auf der linken Seite durch eine Brücke, eine Art Strickleiter angedeutet, die sich der Spitze des Berges nähert. Oben auf dem Gipfel winkt, nein strahlt ein Leuchtturm; Zeichen der Orientierung und Lebenssuche. Auf diesen Weg wollen wir uns nun nach den Worten des Propheten Micha aufmachen.

Fast ein bisschen nüchtern beginnt seine Erzählung zunächst. Schlicht und einfach wird als erstes erzählt, dass es ein ziemlich langer, auch mühevoller Weg sein wird, bis wir auf der Spitze des Berges angekommen sein werden. Liebe KonfirmandInnen, so schön und festlich Euer heutiger Einsegnungstag auch ist, im Grunde markiert er nur eine Startlinie für eine lange Suche nach dem erhofften Lebensziel. Natürlich werdet Ihr heute ausgestattet mit einem guten Reiseproviant, also einem schönen Konfirmationsspruch für jeden einzelnen, einem besonderen Segen für die ganze Gruppe, dem stärkenden Mahl des Herrn. Aber schon in ein paar Tagen wird Euch das normale Leben wieder zurück haben. Die Feierlichkeiten samt Konfirmationsmenu liegen dann hinter Euch, die Geschenke sind einsortiert, das Geld ist auf die Bank gebracht worden. Und was kommt jetzt? Äußerlich gesehen klettert Ihr weiter den Weg zur Spitze hoch, in der Schule, Eurer kommenden Berufsausbildung, Familiengründung, Arbeitsplatzsuche. Daneben aber spielt sich in Eurem Inneren noch eine ganz andere Wanderung ab. Ich nenne sie jetzt einmal den Pilgerweg zum Gottesberg. Oben, dort auf dem Hügel, steht ja im wirklichen Leben meist kein wirklicher Leuchtturm, sondern ein Haus Gottes, unsere kleine Kirche hier. So wie etwa auch auf zahlreichen Bergen weit sichtbar Kapellen stehen; Zeichen der Beziehung unserer Welt auf den Himmel zu. Und doch erleben wir auf unserer Wanderung immer wieder genug Abzweigungen, die oft in Sackgassen münden; verschlungene Pfade, die vom weiteren Aufstieg auf den Gottesberg ablenken. Ihr werdet auch der Meinung von Menschen begegnen, die empfinden es geradezu als lächerlich, sich überhaupt den Mühen eines Glaubensaufstiegs zu unterziehen. Seid Ihr nicht wirklich mit vielen anderen Lebenswegen so voll und ganz ausgefüllt, als dass Ihr Euch noch den Abzweig auf den Gottesberg leisten könntet? Nur zu verständlich klingen diese Anfragen: Denn welcher Mensch hätte sich im Laufe seines Lebens noch nicht vor diese Entscheidung gestellt gefühlt?

Der Prophet Micha weiß sehr wohl um unsere Wanderschwierigkeiten Bescheid. Und deshalb ist er auch sachlich genug, seine Geschichte in eine ziemlich ferne Zukunft zu verlegen, in der dann nicht mehr nur ein paar versprengte treue Fromme, sondern alle, alle Völker und Nationen – und wir sind dann wie selbstverständlich dabei! – den Aufstieg zu Gott nicht nur wagen, sondern sogar andere noch dazu ermuntern, himmlische Höhen zu erklimmen. Sie erklären ihre Einladung zum Mitmarschieren damit, dass alle Welt dort oben, vom Gipfel aus, weitblickend, vorausschauend lernen wird, das Wichtigste erfahren kann: Nämlich wie Leben gelingt. Im Großen wie im Kleinen: voller Frieden, Rücksicht und Sinn. Einmal ehrlich: Woher sollten wir denn wissen, wie wir uns auf dem Schulweg, im Berufsleben, in Beziehungen zu unterschiedlichsten Menschen, am Arbeitsplatz verhalten sollen, wenn es da nicht auf dem Heiligen Berg Wegweiser und Leuchttürme, Kapellen und Kanzeln gäbe, die uns in schwierigen Entscheidungen die rechte Richtung anbieten würden.

Liebe KonfirmandInnen, nicht ohne Grund haben wir so viel Zeit zum Kennenlernen der 10 Gebote investiert. In Ihnen sollt Ihr so etwas wie Kompass und Landkarte zur Hand haben, die Euch klug und sicher durchs ganze Leben führen wollen.

In unserer Wandergeschichte des Propheten findet Ihr aber nun *ein* ganz besonderes Bild, das Ihr heute auf dem Rückweg vom Berge Gottes in Eure Zukunft hinein mitnehmen dürft. Dieses Symbol findet Ihr auch abgedruckt auf der Rückseite des Liturgieblattes: „Schwerter zu Pflugscharen" steht geschrieben im Kreis, um die Skulptur eines Menschen, der tatsächlich genau dies gerade tut: Nämlich mit einem Hammer eine tödliche Waffe in ein friedliches Erntegerät umzuschmieden. Das Originalmodell steht vor den Vereinten Nationen in New York. Später, in den 80er-Jahren des letzten Jahrhunderts wurde es zu einem Symbol der Friedensbewegung in der damaligen DDR und als Stoffemblem auf Jackenärmel genäht. Was für ein Bild: Gott sehnt sich danach, dass wir auf seinem Berg keine andere Arbeit mehr tun als Spieße in Winzermesser zu verwandeln. Jeder von uns weiß, was für ein mühsamer Prozess das ist. Zu Hause. In der Gesellschaft. Selbst in der Kirche. Und deshalb beschreibt der Prophet Micha diese endgültige Um- und Abrüstung für eine Zeit, die noch in ferner Zukunft liegt. Aber, liebe KonfirmandInnen, das sollte Euch nicht davon abhalten, schon heute diesen oder jenen kleinen Hammer zur Hand zu nehmen. Ihr habt schon jetzt die eine oder andere Möglichkeit, aus Bedrohlichem Gutes zu formen. In meiner Jugend gab es einen Protestsong von Pete Seeger: „If I had a hammer". Dabei bezog er sich auf den Hammer eines Richters. Es heißt dort in dem Lied: „Wenn ich einen Hammer hätte, dann würde ich Gefahren heraus- und Gerechtigkeit einhämmern; und so Liebe zwischen Brüdern und Schwestern schaffen." Vielleicht klingt Euch das ein bisschen zu martialisch, es ist aber sehr kreativ und liebevoll gemeint.

Schon jetzt, schon hier, schon heute bei Eurem Aufstieg zum Gottesberg könnt Ihr versuchen, aus bedrohlichen Situationen mit einem kostbaren Liebeshämmerchen leuchtendes Gold der Versöhnung herauszuklopfen. Ihr könnt Euch als Konfirmierte von Vorurteilen, von Hass, von Brutalitäten und unkontrolliertem Waffeneinsatz verabschieden. Euer Lebensweg wird ohne dies alles viel erfüllter sein. Überall dort, wo Ihr in der Schule Missverständnisse in Geduld umformt, arbeitet Ihr am Verschwinden spitzer Verletzungen mit. Da, wo Ihr – vielleicht sogar beruflich – Friedenswege ausprobiert, Konflikte entschärft und Versöhnung unter zerstrittenen Menschen fördert, da blitzt inmitten Eurer Arbeit schon ein heilendes Winzermesser auf. Ich weiß selber, dass all diese kleinen Schritte längst noch kein Friedensparadies herbeizaubern werden. Aber sie werden zu sichtbaren Feuerstellen, wie der Liebesberg Gottes tatsächlich alle anderen Höhenzüge der Welt überragt; Ihr werdet mit dazu beitragen, sein Licht in alle Lande weit ausstrahlen zu lassen. Damit Ihr nie unter Euren Möglichkeiten bleibt, bekommt Ihr nach Eurer Einsegnung ein T-Shirt mit dem Friedensemblem des Propheten Micha geschenkt. Ihr könnt es immer dann besonders bewusst tragen, wenn Ihr Euch in unterschiedlichsten Situationen einbringt, Schwerter in Pflugscharen, Hass in Liebe, Perspektivlosigkeit in Hoffnung zu verwandeln.

Was dann geschehen wird? Nun, das könnt Ihr schließlich auf dem bunten Liturgieblatt auf dem anderen Berg, auf der rechten Seite erkennen. Da wächst nämlich ein Baum, der wunderbare Früchte trägt. In der Erzählung des Propheten Micha ist es ein Feigenbaum, der neben dem eigenen Haus wächst, und ein Weinstock, unter dem man friedlich den Feierabend des Lebens genießen kann. Schon heute dürft Ihr etwas von dieser versprochenen Schönheit und Sicherheit im Garten Gottes erfahren: Gutgelaunt und fröhlich werdet Ihr – vielleicht sogar wirklich in einem Garten – einen wunderschönen Konfirmationstag feiern. Aber auch später, an anderen Orten Eures Lebens, auf dem Weg hoch hinauf zum Gottesberg werdet Ihr diese Ruhemomente erfahren, in denen Ihr Euch stärken und erfrischen lassen dürft; übrigens auch immer wieder auch hier, in unserer kleinen Kirche, die viele bunte Früchte bereit hält, um Eurer Seele Nahrung zu geben. Aber natürlich auch überall dort, wo Erfolge Euer Leben krönen werden; und liebevolle Menschen all diese Höhepunkte Eures Lebens zusammen mit Euch feiern wollen. Das werden Tage und Orte sein, die Gott jetzt schon über Euerm Leben als Bilder vor Augen hat. Sein Versprechen gilt. Am Konfirmationstag. Auf ihn ist heute Verlass – aber auch für Euren ganzen weiteren Lebensweg.

Und nun bleibt eigentlich für Euch gar nichts anderes mehr zu tun übrig, als dass Ihr Euch in den kommenden Tagen das T-Shirt überstreift und Euch – begleitet von all den muntermachenden Symbolen der Taube, des Kreuzes, des Engels, des Schiffes, des Leuchtturms und des Baumes – aufmacht auf den Friedensweg, den Gott Euch schon gebahnt und vorausgegangen ist. Wer sich auf ihn einlässt, der wird ganz gewiss einmal von der Bergesspitze aus, unter einem Bergkreuz in ein weites Land hinein sehen, in dem es keine Schwerter und Spieße mehr geben wird, sondern nur noch Pflugscharen, die fruchtbare Erde durchziehen und Sicheln, die allen Menschen eine gute Lebensernte einbringen.

Amen.

5 „Wenn Schuhe reden würden"

I. ANMERKUNG:

Für diese Predigt der Schuhe braucht man sieben Paar Schuhe: Taufschuhe (Psalm 121,3); Lauflernschuhe (Jesaja 40,31); Schulschuhe für Jungen und Mädchen (Psalm 91,11f); Turnschuhe (1. Kor 9,24); Tanzschuhe für Jungen und Mädchen (Prediger 3,4b); Stiefel (Jesaja 52,7); Jugend-/Konfirmationsschuhe für Jungen und Mädchen (5. Mose 29,4). Ich habe mir je ein Exemplar bei einem Schuhgeschäft ausgeliehen. Natürlich kann man auch gut erhaltene gebrauchte benutzen. Bilder bzw. Zeichnungen der Schuhe sind mit dem entsprechenden Bibelvers versehen im Liturgieblatt abgedruckt. Während der Predigt wurden sie nacheinander aus einem alten Koffer geholt und auf einem Tischchen neben dem Altar aufgereiht.

Als Geschenk bekamen die KonfirmandInnen einen Schuhanhänger aus Metall (Herrenschuh/Damenschuh) an einem Lederband, den die Firma Lloyd (als Schlüsselanhänger gedacht) in größeren Schuhgeschäften anbietet.

II. BEGRÜSSUNG:

Liebe Konfirmandinnen und liebe Konfirmanden, liebe Eltern und VerwandtInnen und Gäste, liebe Gemeinde!

Ganz herzlich möchte ich Euch und Sie alle zu unserem Konfirmationsgottesdienst hier in der Kirche willkommen heißen. Unser gemeinsamer Weg durch die vergangenen eineinhalb Jahre findet mit dieser Feier sein Ziel; aber auch einen neuen Anfang, den Ihr nun als mündige ChristInnen auf dem Weg zum Erwachsenwerden finden könnt. Und weil Ihr an diesem Tag sicherlich noch öfter etwas von „Weitergehen" und „Lebensweg" hören werdet, soll auch in diesem Gottesdienst einmal über all die Schuhe nachgedacht werden, die Ihr bis zum heutigen Tag getragen habt. Gerade auch an Schuhen kann man sehr wohl erkennen, wie Gott Euch mit seinem Segen bis hierher begleitet hat – und auch in Zukunft dies ganz gewiss mit anderen Schuhformen und -größen machen wird. Und so feiern wir auch diese Stunde in seinem Namen, dem Namen Gottes des Vaters, des Sohnes und des Heiligen Geistes. Amen.

III. Psalm: 121

IV. Lieder:

Lobe den Herren, den mächtigen König der Ehren (EG 317, 1–5); Wir haben Gottes Spuren festgestellt (Lieder zwischen Himmel und Erde, tvd-Verlag, 230,1–3); Gib uns Frieden jeden Tag (EG 425,1–3); Möge die Straße uns zusammenführen (tvd, 89,1+2+4); Geh den Weg nicht allein (tvd, 326, 1–6); Nun danket alle Gott (EG 321,1–3)

V. Lesung:

1. Korinther 13,1–13

VI. Fürbittengebet:

Bewahre mich, guter Gott, davor, dass ich über einen Menschen urteile, ehe ich nicht eine Meile in seinen Schuhen gegangen bin. Und so mache mich stattdessen zu einem Werkzeug Deines Friedens … (nach Franz von Assisi, z.B. EG Ausgabe Rheinland, Westfalen, Lippe, 875)

VII. Segen:

Das Licht helfe Dir, / Kurs zu halten auf Deiner Reise. / Der Wind stärke Dir den Rücken. / Der Sonnenschein wärme Dein Gesicht, / und der Regen falle sanft / auf Deine Haare. / Bis wir uns wiedersehen, / halte Gott Dich / geborgen in seiner / schützenden Hand. (Aus Irland)

VIII. Predigt:

Liebe Konfirmandinnen und liebe Konfirmanden!

Es war die Nacht vor Eurer Konfirmation. In einer Mischung von Aufgedrehtheit und Übermüdung lagt Ihr schließlich doch in Euren Betten. Was war aber auch nicht alles vorzubereiten gewesen: Noch am Abend musste eine Patentante/einen Patenonkel vom Bahnhof abgeholt werden. Die letzten Tischkärtchen fürs Mittagessen waren auch noch nicht fertig. Und schließlich mussten noch Kleider und Schuhe für den wichtigen Tag herausgelegt und geputzt werden. Ja, da standen sie also vor Eurem Bett, Eure Konfirmationsschuhe. Eigentlich sahen sie recht unauffällig und harmlos aus, so wie eben modische Schuhe von vierzehnjährigen Jungen und Mädchen eben ausschauen. *(P. zeigt jeweils ein Paar Jungen- und Mädchenschuhe, passend zur Konfirmation.)* Alles war fertig. Und so konntet Ihr Euch also nach all den Vorbereitungen und Aufregungen ruhig zur Seite drehen, um doch noch einen guten Schlaf zu finden.

Aber was war das? Kaum hatten sich die Zeiger auf der großen Küchenuhr auf die 12 zu bewegt, da raschelte es am Boden, die Schuhe streckten und bewegten sich, rutschten hin und her – und fingen dann tatsächlich auch noch zu sprechen an. „Was wird das für ein wichtiger Tag für unseren Jugendlichen sein", begann der linke Schuh das Gespräch. „Jawohl", erwiderte der rechte, und fügte stolz noch hinzu: „ Und wir, wir beide sind dabei!" „Ja", bestätigte sein Partner, „wir werden ihn/sie sicher in die schön geschmückte Kirche führen. Und dann werden wir es sein, die ihn/sie zum Altar bringen werden." „Genau so ist es!", bestätigte sein Wandergenosse, „und dann werden wir die ersten sein, die den Konfirmationsspruch, den Vers für das Leben unseres Kindes zu hören bekommen. Ach, was gibt es da nicht alles für wundervolle Sätze, Psalmen, Bildverse und Sprüche aus der Bergpredigt. Die alle irgendwie zu seinem Lebensweg passen würden." „Eben", bestätigte sein Laufkompagnon, „und wenn dann unser Kind seinen Vers erhalten hat, dann werden wir ihn/sie mit festen Tritt hinaus in sein/ihr Leben tragen, in einen wunderschönen Tag hinein und darüber hinaus mit sicherem Schritt in eine Welt, die wir weit mit ihm/ihr erwandern werden und …"

In diesem Moment gab es einen Ruck und einen Knall und mit einem lauten Schnappgeräusch öffnete sich – wie von unsichtbarer

Hand bewegt – der alte Schuhkoffer auf dem Schrank. Na ja, so etwas passiert schon mal in der Nacht vor der Konfirmation. Und so schnell konnten die Jugendschuhe zur Konfirmation vor dem Bett gar nicht hochsehen, wie da mit einem Satz ein Paar niedliche, blauweiße *Taufschuhe* herunterhüpfte. „Nun ist es aber genug", schimpfte während des freien Falls ein helles Stimmchen. „Was seid Ihr für ein eingebildetes Volk! Als ob Ihr die einzigen Schuhe im Leben und beim Heranwachsen des Konfirmationskindes gewesen wärt!" Inzwischen hatten sich die Konfirmationsschuhe vorm Bett etwas gefangen. „Aus welchem Jahrhundert stammst Du denn?", spöttelte der linke. Und der rechte fügte hinzu: „Vielleicht warst Du ja früher mal ein ganz klein bisschen für das Kind wichtig gewesen, so die ersten Lebensmonate. Aber was Ihr da so gehört und miterlebt habt, das spielt doch wohl heute an diesem Ehrentag der Konfirmation nun wirklich keine Rolle mehr." Da aber reckte sich das kleine Taufschuhpaar, räusperte sich zu zweit und hielt gemeinsam eine kleine Ansprache: „Wie kann man nur so selbstbezogen sein? Natürlich haben wir auch heute noch ein Wörtchen mitzureden!" „Und das wäre bitteschön was?", fragten die Jugendschuhe spöttisch zurück. „Wir", sagten die kleinen Schuhe jetzt in ruhigem, festem Ton, „wir waren dabei, als unserem Kind sein/ihr Taufspruch mit auf den Weg gegeben wurde. Damals, als es selber noch gar nicht gehen konnte. Und doch ging es schon damals in dem *dritten Vers aus dem 121. Psalm* um das Gehen seines Lebensweges: ‚*Gott wird deinen Fuß nicht gleiten lassen.*' Das war ein Versprechen, mit dem unser Kind in sein/ihr ganzes weiteres Leben entlassen wurde: Gott würde die kleinen Füße nicht ausrutschen lassen, selbst wenn sie einmal auf eine glatte Bahn geraten würden. Wir Taufschuhe wurden für das Kind zu einem Bild der Lebensstütze. Man würde sich wohl manchmal auch verlaufen, in einer Sackgasse landen; aber die Zusage Gottes, das kleine Wesen immer wieder neu aufzurichten und Halt zu geben, würde niemals wanken. Und", schlossen die kleinen Schuhe ihre Ansprache, „hat Gott nicht bis zum heutigen Tag sein Wort gehalten: ‚Er wird deinen Fuß nicht gleiten lassen?'"

Aber da rumorte es schon wieder im Schuhkoffer und nun, nun ließen sich die ersten *Lauflernschuhe* an der Schrankwand herab. „Papperlapapp", riefen sie schon während des Abseilens völlig aufgekratzt. „Die Allerkleinsten nehmen doch immer den Mund am vollsten. Mal ehrlich, wo wäre denn unser Kind geblieben, als es dann wirklich Laufen lernte, wenn es uns damals nicht gegeben hätte?" Der rechte Kinderschuh posaunte ganz kess jetzt alleine, sicherheitshalber dabei den linken am Schnürsenkel festhaltend: „Ja, nur mit uns hat es die ersten Unternehmungen machen können, raus aus der Küche und in den Garten und …" „Und hinein in den Matsch", spötteln die feinen Taufschuhe. Da aber griff der rechte Kinderschuh in die Diskussion ein und schaute weihevoll umher: „Meint doch bloß nicht, dass nur Ihr von einem frommen Spruch über des Menschen Gehen gesegnet worden wärt." Als wir unser Kind zum ersten Mal auf die Straße hinaus führten, da war gerade seine/ihre Patentante zu Besuch, schaute aus dem Fenster und rief uns nach: *,Die auf den Herrn harren, kriegen neue Kraft, dass sie auffahren mit Flügeln wie Adler, dass sie laufen und nicht matt werden, dass sie wandeln und nicht müde werden.'* Der Spruch steht beim *Propheten Jesaja 40,31*, fügte sie nachdenklich hinzu. Und? Hat nicht gerade dieser Vers recht behalten? Wie oft hat sich unser Kind in den vergangenen 14 Jahren auf den Weg gemacht, ging, lief und wandelte in immer weitere Bezirke hinaus? Und hat es nicht tatsächlich Tag für Tag Kraft zum Weiterlaufen vom Himmel her erhalten?" „In der Tat", meldete sich noch einmal der linke Lauflernschuh, „das alles war doch wohl nur möglich, weil der Herr gerade uns brauchte, diesem Kind bei all seinen ersten neugierigen Unternehmungen einen wirklich festen Halt zu geben. Eben wie einem Adler", fügte er noch stolz hinzu.

Kaum aber waren die letzten Worte im Kinderzimmer verhallt, da kletterte ein vorwitziges Paar *Schulschuhe* über den Kofferrand und sprang mitten auf die Bettdecke des schlafenden Kindes. „Ach, was wisst Ihr denn schon vom wahren Leben?", ließ es sich selbstbewusst vernehmen. Und als die beiden anderen Paare erstaunt zum Bettgestell hoch blinzelten, fingen die Schulschuhe sofort weiter im Wechsel zu schnattern an: „Wir", begann der rechte, „wir haben unser Kind wohl behalten in den Einschulungsgottesdienst gebracht." „Jawohl", fügte der linke hinzu, „über den Zebrastreifen, am Polizisten vorbei." „Genau so war's", bestätigte der erste die launige Rede. „Wir haben ihm Halt verschafft, damit es nicht mit der schweren Schultüte zur Seite kippte und umfiel." „Und dann, ja dann" übernahm der linke aufgeregt die Rede-Stafette, „dann standen wir mit vielen anderen kleinen Schuhen um den Altar und haben – selbstverständlich in der ersten Reihe – genau mitgehört, wie der Pfarrer den *Psalmvers 91,11f* uns allen auf den Weg mitgab. Weißt Du noch, wie der hieß?", stupste nun der Redner seinen rechten Kompagnon an. „Selbstredend. Diesen schönen Spruch mit seinem traumhaften Bild hatte ich immer vor Augen, wenn ich mit dem Kind unterwegs war." Und nun deklamierte er ihn noch einmal vor versammelten Sohlen: *„Gott hat seinen Engeln befohlen, dass sie Dich behüten auf allen Deinen Wegen, dass sie Dich auf den Händen tragen und Du Deinen Fuß nicht an einen Stein stoßest."* „Ja, ja", nickte der andere fast schon meditativ, „wozu Elefantenschuhe nicht alles gut sein können!" „Seid Ihr denn jetzt völlig größenwahnsinnig geworden?", fauchte da einer der Lernschuhe dazwischen. „Ihr habt doch nicht allein für diese gesicherten Schritte gesorgt; da hatte doch wohl noch ein anderer seinen Fuß drin." „Jetzt reg Dich mal ab", setzte einer der Schulschuhe nach, „so klug sind wir schon selber. Klar war es Gott, der mit seinem Segen auf Hunderten von Schulwegen mitgegangen ist und vor allerlei Gefahren bewahrt hat." „Aber wir haben dabei in seinem Auftrag den rutschfesten Tritt vermittelt", konnte sich der rechte Schulschuh zuletzt doch nicht enthalten, noch eins draufzusetzen.

Aber was war das jetzt? Ein einziger Anlauf genügte und ein paar fesche *Sportschuhe* schafften es, mit einem Dreisprung zielgenau auf dem kleinen Teppich neben dem Bett zu landen. „Na, Ihr lahmes Völkchen", riefen beide –noch im Sturzflug – den anderen Tretern zu. „Wie langweilig! Ihr seid ja immer nur brav gegangen und marschiert. Wir, wir haben mit unserem Kind Geschwindigkeitsrekorde ausprobiert, die Luft vorbei zischen lassen, phantastische Sprünge hingelegt. Runden über den Aschenplatz. Ballspiele in der Halle." „Eindrücklich", bekannten die Taufschuhe, stichelten aber gleich danach weiter: „Einen kleinen bescheidenen Bibelvers habt Ihr für diese Raserei aber wohl nicht parat gehabt, oder?" „Na ja, kleinschrittig wie Ihr seid" erwiderte ein Turnschuh, „kennt Ihr ja nur die Sprüche über's Gehen. Vielleicht mal was vom Apostel Paulus gehört? *Wisst Ihr nicht"*, hat er einmal im *1. Brief* an seine *Korinther 9,24* geschrieben, *„wisst Ihr nicht, dass die, die in der Kampfbahn laufen, die laufe aller aber nur einer empfängt den Siegespreis? Lauft so, dass Ihr ihn erlangt."* „Liebe Leute", schaltete sich ein Lauflernschuh ein, „Ihr wollt doch nicht wirklich behaupten, dass dieser Vers auf Eure schwitzigen Turnübungen passt? Dabei

geht es doch wohl viel mehr um den Lauf zum wahren Glauben."
„Superschlau! Als ob wir das nicht selber wüssten", schüttelte der
rechte Turnschuh genervt seinen Absatz. „Und trotzdem, trotzdem
ist dieser Vers *auch* so etwas wie ein Bild für *unsere* Zeit mit dem
Kind, Es hat sich anstrengen müssen, in vielerlei Bereichen. Es ist
um manche Preise gerannt. Und? Nur ganz selten ist es dabei ins
Stolpern geraten; und hat so zu spüren bekommen, dass gerade eigene Bemühungen dann gelingen können, wenn sie unter einem
besonderen Segen von Oben stehen – im Sport, aber natürlich
auch anderswo."

War das jetzt ein Dröhnen? Richtig, es konnte gar kein anderes
Geräusch sein, denn fast schon bedrohlich stieg nun – fast schon
marschartig – ein Paar hellere *Stiefel* aus der Schuhkiste. Die anderen Schuhe duckten sich automatisch. Irgendwie war ihnen diese
Schuhform noch nie so ganz geheuer gewesen. Sie kannten manche
Erzählungen, in denen Stiefel mit ihren metallenen Kappen, harten
Kanten und scharfen Absätzen keine allzu friedliche Rolle gespielt
hatten. „Alle Schuhe angetreten!", klang es nun tatsächlich mit
schnarrender Stimme. Als sich aber die Schuhe wirklich fast schon
untertänig ausrichten wollten, brach der rechte Stiefel in ein schal-
lendes Gelächter aus: „SportsfreundInnen, lasst Euch doch nicht
gleich so einschüchtern", begann er in vollem Ton seine Ansprache.
„Klar, wissen wir auch, Stiefel können Ängste schüren. Aber einmal ganz abgesehen davon, dass wir am Meer, im Schnee und vor
allem in den größten Lehmhaufen treu und brav immer ein besonders großer Trost für die Mutter gewesen sind – habt ihr denn beim
KonfirmandInnenunterricht unseres Kindes nie darauf geachtet,
dass wir sehr wohl zu friedensfördernden Maßnahmen eingesetzt
werden?" „Die Kleinen haben eben keine Ahnung vom Propheten
Deuterojesaja 52,7", fügte der linke Langstiefel hinzu. „Dann sag's
uns doch!", meldete sich keck eines der Taufschühchen. „*Wie lieb-
lich sind auf den Bergen die Füße der Freudenboten*", deklamierte
das Paar gemeinsam mit sonoren Stimmen, „*die da Frieden verkündigen, Gutes predigen, Heil verkündigen, die da sagen zu Zion:
,Dein Gott ist König!'* "„Und genau so ist es auch", übernahm nun
wieder als Sprecher für beide der rechte Stiefel die Führung, „auch
unser Kind wird bei seiner Konfirmation dazu beauftragt, anderen
Menschen in schwierigen Situationen gute Nachrichten zu über-
bringen; sich für den Frieden in der Welt mit haltgebenden Stiefeln

einzusetzen; verantwortungsvolle Aufgaben mit einem zuverlässigen, festen Stand zu übernehmen.

„Ach, was sind das nur für ernste Reden!", klang es da mit einer glockenhellen Stimme vom Kofferrand aus. „Aufgaben, Verantwortung, Engagement! Das Leben besteht doch nicht nur aus Arbeit!" Erstauntes Aufhorchen über allen Absätzen. „Ja, schaut einmal her, wozu ich unserem Kind geschenkt wurde, noch gar nicht so lange her." Und vor den neugierigen Sohlen der anderen Schuhe schwebte elfengleich ein Paar *Tanzschuhe* zu Boden. „Die erste Liebe, habt ihr das eigentlich vergessen?", flüsterte diese schöne Erscheinung, „die erste Liebe, die haben *wir* mit unserem Kind erlebt, Wir haben es zum Schweben und Wiegen gebracht. Mit uns hat es seine zärtlichen Schritte zum Freund, zur Freundin gelenkt." „Ob so was zum Ernst einer Konfirmation passt?", murmelten kritisch die Stiefel, mehr zu sich selbst. Aber die Tanzschuhe hatten gute Ohren; und waren für jede Auseinandersetzung natürlich auch gut vorbereitet „ach, Ihr Miesepeter!", reagierten sie gelassen, „Auch für fröhliche Anlässe kann man zur Bibel greifen. Wir empfehlen heute mal *Prediger 3,4*. Dort könnt ihr die Aufgabe von uns Schuhen nachlesen, wenn es heißt: *„Lachen hat seine Zeit, Lieben hat seine Zeit und auch Tanzen hat seine Zeit."*

Langsam rückten die Zeiger der Uhr weiter. Bald würde es ein Uhr schlagen. Da aber räusperten sich noch einmal die *Konfirmationsschuhe*. Sie wussten: eigentlich waren sie ja der Anlass für den munteren Schlagabtausch gewesen. „Was haltet Ihr von einem Friedensangebot?", sprachen sie milde und unisono, mit einer Stimme. „Lasst uns mit dem Streit aufhören. Denn ist es nicht wirklich so, das ihr *alle* in *eurer* Art mit *euren* Bibelversen für unser gemeinsames Kind wichtig wart? *Taufschuhe und Lauflernschuhe, Schulschuhe und Turnschuhe, Stiefel und Tanzschuhe.* Aber nun ist es doch so, dass *wir* den Jugendlichen heute in die Erwachsenenwelt einführen. Und wir werden ihn über diesen Tag hinaus auch weiter begleiten. „Ja", redete nun der rechte Jugendschuh alleine weiter, „mit uns wird das Kind das Gleiche erfahren, was es mit Euch auch bisher erleben durfte: Nämlich dass Gott auch die kommenden Jahre und Jahrzehnte weiter mit ihm/ihr zieht. Wir stützen und tragen es mit, wir helfen ihm/ihr im Namen eines Größeren immer wieder auf die Beine. Die gute Erfahrung, die es schon mit Euch allen im *5. Buch Mose 29,4* gemacht hat, geht weiter: *„Gott hat euch 40 Jahre in der Wüste wandern lassen. Eure Kleider sind euch nicht zerrissen, auch deine Schuhe nicht an deinen Füßen."* Und das gilt jetzt nicht nur für den weiteren Weg des Kindes mit *uns*, sondern natürlich auch für all die vielen, vielen anderen Schuhe, die es in seinem Leben noch anziehen wird. Auf seiner Wanderung durch die Welt. Auf den Himmel zu.

Da schlug es eins, und mit einem Schlag verschwanden die Schuhpaare im Koffer und rührten sich nicht mehr. Und als nun der Morgen Eurer Konfirmation kam, da hattet Ihr irgendwie das Gefühl, von ganz vielen Schuhpaaren geträumt zu haben. Und so zogt ihr nachdenklich eure *Konfirmationsschuhe* an, die Euch dann tatsächlich in unsere Kirche getragen haben. Gleich werden sie mit Euch vor den Altar treten, um vielleicht dann doch noch ganz für sich von Eurem Pfarrer einen Konfirmationsspruch aus *Psalm 23,4* – für ihren persönlichen Weg mit Euch – zu erhalten: *„Und ob ich schon wanderte im finstern Tal, fürchte ich kein Unglück. Denn Du bist bei mir."* In dem Moment werden sie alle noch einmal um Euch herumstehen, eure Schuhe, mit denen ihr auf unterschiedliche Art bis heute Gottes Begleitung erfahren habt. Und dann? Dann werdet ihr nach dem Gottesdienst voller Zuversicht hinaus in euer Leben gehen, auf guten, rutschfesten, verlässlichen Sohlen; vor allem aber auch unter dem völlig vertrauenswürdigen Segen Gottes.

Amen.

6 „Eine haarige Geschichte"

I. ANMERKUNG:

Zugegeben, es mag vielleicht ein wenig eigenartig klingen: Aber als Geschenk bekamen die KonfirmandInnen nach der Einsegnung wundeschöne echte blonde Locken – mit einer roten Schleife versehen – geschenkt, die mir unser Hausfriseur – handgeschnitten und -verlesen – vermacht hat.

II. BEGRÜSSUNG:

Liebe Konfirmandinnen und liebe Konfirmanden, liebe Eltern und VerwandtInnen und Gäste, liebe Gemeinde!

Ganz herzlich möchte ich Euch und Sie alle zu unserem Konfirmationsgottesdienst hier in unserer Kirche willkommen heißen. Unsere gemeinsame Zeit während der eineinhalb Jahre Eures Unterrichts findet mit dieser Feier auf der einen Seite ihren Abschluss – und gleichzeitig den Anfang eines neuen Weges, den Ihr nun als verantwortliche und mündige ChristInnen in unserer Welt selber gehen sollt. Und da an einem Tage wie diesem auch das eigene Aussehen – so wie man sich selber eben auch äußerlich vorbereitet hat – eine Rolle spielt, möchte ich in diesem Gottesdienst einmal darüber nachdenken, was Ihr da alles so auf dem Kopf tragt: Eure Haare sollen an diesem Tag zum Zeichen dafür werden, wie sehr der Segen Gottes Euch ein Leben lang begleiten will. Und so feiern wir auch diese Stunde in seinem Namen, dem Namen des Vaters und des Sohnes und des Heiligen Geistes. Amen.

III. PSALM: 8

IV. LIEDER:

Lobe den Herren, den mächtigen König der Ehren (EG 317, 1–5); Wir haben Gottes Spuren festgestellt (Lieder zwischen Himmel und Erde, tvd-Verlag, 230,1–3); Hilf, Herr meines Lebens, dass ich nicht vergeben (EG 419,1–5); Bewahre uns Gott, behüte uns, Gott (EG 171,1–4); Herr, deine Liebe ist wie Gras und Ufer (tvd, 224,1–4); Nun danket alle Gott (EG 321,1–3)

V. LESUNG:

Matthäus 21,28–32

VI. FÜRBITTENGEBET:

Drum soll vor Dir mein Herz sich stillen; ich weiß, dass ohne deinen Willen / kein Haar von meinem Haupte fällt. / Auf Dich allein kann ich vertrauen / und meiner Zukunft Hoffnung bauen / in dieser unbeständ'gen Welt (Johann Samuel Patzke). Und deshalb: Herr, mach mich zu einem Werkzeug Deines Friedens ... (nach Franz von Assisi, z.B. EG Ausgabe für Rheinland, 875)

VII. SEGEN:

Der Herr sei vor dir, um dir den rechten Weg zu zeigen. / Der Herr sei neben dir, um dich in die Arme zu schließen und dich zu schützen. / Der Herr sei hinter dir, um dich zu bewahren vor der Heimtücke böser Menschen. / Der Herr sei unter dir, um dich aufzufangen, wenn du fällst, und dich aus der Schlinge zu ziehen. / Der Herr sei in dir, um dich zu trösten, wenn du traurig bist. Der Herr sei um dich herum, um dich zu verteidigen, / wenn andere über dich herfallen. / Der Herr sei über dir, um dich zu segnen. / So segne dich der gütige Gott. (Aus Irland)

VIII. PREDIGT:

Liebe Konfirmandinnen, liebe Konfirmanden!

Bevor der Konfirmationsgottesdienst losgeht, stehe ich immer draußen auf unserem kleinen Vorplatz, warte auf Euch und – bin selber ganz gespannt, wie Ihr aussehen werdet. Ich weiß wohl: Im

Vorfeld gibt es immer wieder große Diskussionen in Euren Familien, was Ihr denn wohl an diesem wichtigen Tag Eures Lebens anziehen sollt: Eher festlich „schwarz/weiß" oder doch lieber jugendlich bunt/leger. Aber das alles, Euer Outfit, wie man heute so schön sagt, ist für mich nicht das Interessanteste, wenn ich Euch anschaue. Das, was mich am meisten fasziniert sind – Ihr werdet lachen – Eure Haare. Manchmal sind sie nämlich modisch hinten kurz angeschnitten und oben auf dem Kopf – als i-Tüpfelchen sozusagen – blond gefärbt. Oder habt Ihr sie doch eher einfach wild wuchern lassen, wie eine Blumenwiese im Sommer? Was auch noch passiert: Ihr habt Euch nach einer intensiven Typberatung mittels diverser Modell-Aufnahmen zu einem Styling entschieden, das von den Größen im Show- oder Sportgeschäft geprägt wurde. Nun, ein bisschen sehe ich Euren Gesichtern an, dass Ihr – gelinde gesagt – doch etwas überrascht seid, nun ausgerechnet am Tage Eurer Konfirmation vom Pfarrer eine Predigt über Eure Haare zu hören. Und ich gebe gerne zu, dass ich mich selber bis vor einem Jahr wahrscheinlich auch nicht auf die Idee gekommen wäre, über so ein abgedrehtes Thema auch nur ein paar Sätze in einem Gottesdienst zu verlieren. Aber wisst Ihr, nachdem ich einige Überraschungen mit Haaren erfahren habe, über die Bedeutung von Haaren mich informiert und ungewöhnliche Haargeschichten studiert habe, bin ich dann doch bekehrt worden und zu einer ganz anderen Überzeugung gelangt. Ich glaube nämlich inzwischen, dass das, was Ihr da alles so auf dem Kopf habt, nicht nur etwas über Euren Typ, Eure Persönlichkeit aussagt. Haare – ob Ihr es nun glaubt oder nicht – können eben auch etwas über Eure Beziehung zu Gott erzählen. Und damit Ihr mich jetzt nicht weiter so ungläubig anschaut, berichte ich Euch, wie ich zu dieser weisen Einsicht gekommen bin.

Alles begann am Ende der letzten Sommerferien. Wir hatten mitbekommen, dass der Sohn unserer besten Freunde in ein kirchliches Ferienlager im Ausland geschickt worden war. Wir hatten ihn lange nicht gesehen, und da wir ihn auch sehr mochten, fuhren wir zusammen mit seinen Eltern zum Düsseldorfer Flughafen, um ihn dort abzuholen. Als wir ihn hinter der Gepäckausgabe erspähten, trauten wir alle unseren Augen kaum: Da kam uns ein junger Mann entgegen, der sich dort – offensichtlich beraten von einer der BetreuerInnen – sämtliche Haare hatte abrasieren lassen. Einfach so. Nicht, das wir uns nicht mit den Eltern mitgefreut hätten, die nach langer Zeit überglücklich ihren Jungen in die Arme schlossen. Und doch ließ uns die nicht mehr vorhandene Haarpracht – und er hatte wirklich schöne Naturkrause – schlucken, und auf der Rückfahrt etwas einsilbig werden. Warum? Na ja, man verbindet halt mit so einer ratzekahlen Glatzenfrisur nicht nur etwas Erfreuliches. Da gibt es bedrohliche Aufmärsche mit solchen Kurzhaarschnitten. Aber natürlich auch Bilder erkrankter Menschen. Als der Rückkehrer unser Unwohlsein im Auto schließlich selber nicht mehr ignorieren konnte, meinte er nur ganz lässig dazu: „Ich weiß überhaupt nicht, was Ihr wollt. Das tragen doch heute ganz viele – bis in die Chefetagen hinein. Damit zeigt man halt, wie cool und windschnittig man sich empfindet – und außerdem ist es äußert pflegeleicht." Nach einiger Zeit des Runterschluckens hatte mein Freund, also sein Vater, dann doch die Sprache wiedergefunden. „Ich weiß ja nicht", was *mein* Vater gesagt hätte, wenn ich damals so wie du rumgelaufen wäre." „Und? Wie bist du denn rumgelaufen?", konterte sein Sohn. „Na jedenfalls nicht so wie Du", war das einzige, was ihm als Antwort einfiel. Und ich? Ich pflichtete ihm natürlich bei. Als wir zu Hause bei unsren Freunden ankamen, war der erste Weg ihres Sohnes zum Schrank mit den Fotoalben. Zielstrebig schlug der Junge das Konfirmationsbild von seinem Vater und mir auf. Das war die Zeit der Höhepunkte von Beatles und Rolling Stones. Wahrscheinlich könnt Ihr Euch jetzt alleine ausrechnen, wie wir damals ausgesehen hatten: Fast schulterlanges Haar – man nannte das früher eine „Matte" – und im Hintergrund unsere etwas unglücklich dreinschauenden Eltern. „Interessant", kommentierte der Junge trocken, „ihr wolltet damals also auch mit Euern Haaren zeigen, wer ihr seid, wo ihr steht, wem ihr nacheifert und was euch besonders gefällt. Sind wir uns da nicht ziemlich ähnlich, na?" Zu Hause angekommen, ließ mir diese Bemerkung keine Ruhe. Hatte er nicht irgendwo recht: Die Haare und ihre Gestaltung sind wohl wirklich ein ganz wichtiger Teil jedes Menschen; und zwar besonders in Phasen des Groß- und Erwachsenenwerdens, wenn man sich als ganz eigenständige Persönlichkeit der Welt zeigen will. Ich las nach und erfuhr: Zu allen Zeiten und in allen Kulturen hatte das Kopfhaar eine besondere Ausstrahlung, besaß eine geheimnisvolle Symbolkraft. Unergründlich wuchs es ja immer wieder nach, wie sonst kaum ein anderer Körperbestandteil. Mich ließ das Thema nicht mehr los. Die Friseur-Innung schickte mir Infomaterial über die Geschichte des Haares zu. Dabei wurde zunächst auf Märchen und Legenden verwiesen, in denen dem Haar eine besondere magische Kraft zugesprochen wurde. Erinnert Ihr Euch noch an Rapunzel, die so langes Haar hatte, dass sie es aus Ihrem Turm herunterlassen konnte, um ihrem Freund den Aufstieg daran zu ermöglichen? Haare als Brücke zur Liebe. Oder, wer sich am Rhein auskennt, kommt schwer an der faszinierenden Anziehung der goldenen Locken der Lorely vorbei, vor allem, wenn er mit dem Schiff unterwegs ist. Haare als Verführung in den Strudel des Lebens. Und wer noch mit dem Struwwelpeter groß geworden ist, weiß, wie verwahrlost, ja geradezu abstoßend ungepflegtes Haar machen kann. Als nächsten Schritt empfahl die Friseur-Innung, doch einmal die Bibel zurate zu ziehen. Für einen Pfarrer natürlich besonders reizvoll. Als erstes erinnerte ich mich an die Haarpracht des starken Richters Simson im Alten Testament. Diese verlor er erst, als sein ungetreue Geliebte Delila sie ihm heimlich abschnitt. Diese Info schickte ich per E-Mail an die befreundete Familie. Und was kam als Antwort. Der Junge hatte doch tatsächlich seinen Religionslehrer zurate gezogen, der ihn auf das 4. Buch Mose, Kapitel 8, Vers 7 hingewiesen hatte: „Und der Herr redete mit Mose und sprach: Nimm aus den Israeliten die Leviten und reinige sie. So sollst du aber mit ihnen tun, wenn du sie reinigst: Du sollst Wasser zur Entsündigung auf sie sprengen, und sie sollen alle ihre Haare ganz abscheren und ihre Kleider waschen und reinigen." Sofort blätterte ich in meiner Bibelübersetzung nach: Tatsächlich, da stand Wort für Wort: „Sie sollen sich alle Haare abrasieren." Ach, dachte ich bei mir, sicherlich eine einmalige Ausnahme. Tatsächlich, beim Zurückblättern, zwei Kapitel vorher im Buche Numeri, klang es völlig anders: „Wenn jemand ein besonderes Gelübde tut, sich dem Herrn zu weihen", stand dort schwarz auf weiß, „so soll kein Schermesser auf sein Haupt fahren. Bis die Zeit um ist, soll er das Haar auf seinem Haupte frei wachsen lassen." Eine Bestätigung meiner früheren Beatles-Frisur. Das smste ich dem jugendlichen Bekannten sofort zurück. Und er? Nun, er sprach mich am nächsten Tag auf der Straße an: Er hielte sich eben nicht für einen „Gottgeweihten"; und ob ich denn schon mal darüber nachgedacht hätte, warum sich fromme Mönche meist eine Tonsur geschnitten hätten. Außerdem hätte ich selber mal in einer politischen Diskussion behauptet, alte Zöpfe müssten endlich einmal abgeschnitten werden. Ja, was denn nun? Ich merkte, so kämen wir beide miteinander nicht weiter. Wahrscheinlich würde diese Haar-Diskussion im Sande verlaufen. Irgendwann würde sich der junge Mann schon von alleine eines Besseren belehren und seine Locken wieder wachsen lassen.

Zufällig stieß ich bei einer Bibellektüre dann doch noch auf zwei Sätze Jesu, die die Bedeutung unserer Haare noch einmal in einem völlig anderen Licht erscheinen ließen. Sie wollte ich jetzt nicht mehr nur meinem Bekannten weitergeben, sondern genau über sie zu Eurer Konfirmation predigen. Sie machten mir nämlich deutlich, dass Haare nicht nur ein Markenzeichen für's Selbstverständnis der eigenen Persönlichkeit sind – gerade in Zeiten des Erwachsenwerdens. Nein, Haare wollten darüber hinaus etwas ganz Wichtiges über unsere Beziehung zu Gott aussagen. Das erste Haar-Wort Jesu hat der Evangelist Matthäus überliefert: „Alle eure Haare auf dem Kopf sind (von eurem himmlischen Vater) gezählt." Wie eine Befreiung, wie eine innere Versöhnung mit meinem Diskussionspartner wirkten plötzlich diese Worte auf mich. Da ging es ja überhaupt nicht mehr darum, ob meine Haare lang oder kurz, gefärbt, gelockt, gegeelt oder angeschnitten waren. Sie wurden plötzlich in jeder Form zu einem Bild für die liebevolle Beziehung Gottes zu seinen Menschenkindern. In Abwandlung eines alten Kinderliedes könnte man, so empfand ich, auf die Frage: „Weißt du, wie viel Haare stehen auf dem KonfirmandInnenkopf?", getrost mit dem Bekenntnis antworten: „Gott der Herr hat sie gezählet, dass ihm auch nicht eines fehlt an der ganzen großen Zahl." Mit der unübersichtlich großen Schar Eurer Haare will Gott gerade zu Eurer Konfirmation deutlich machen: Er kennt Euch so, wie keiner sonst Euch kennt, liebt und mag. Er lässt noch den scheinbar geringfügigsten Haarwirbel, den unscheinbarsten Teil Eures Lebens nicht aus seiner Fürsorge fallen – und verbindet mit all Euren Namen ganz individuelle Schöpfe, auf die er seinen Segen legen will. Immer. Ein Lebtag lang. Und so zeigen also Eure Frisuren heute nicht nur an, wie Ihr Euch selber seht und versteht, sondern dass Ihr für Kopf, Körper, Seele und Geist deshalb nichts zu befürchten braucht, weil Gott beim Nachzählen Eurer Haare sehr genau herausspüren wird, was Ihr besonders an Fürsorge, Rat, Anregung und Trost brauchen werdet. Unzählig viel – wie die Anzahl all Eurer Haare.

Danach fiel mir noch eine zweite Textstelle ins Auge, die Jesus selber auch zitiert, und die übrigens in der Bibel immer wieder dann auftaucht, wenn Menschen in Schwierigkeiten geraten und ihnen unüberschaubare Gefahren drohen. Diesmal hatte sie der Evangelist Lukas für uns bewahrt: „Kein Haar von Eurem Haupte soll verloren gehen." Was für ein Versprechen: Jesus weiß von einem Gott, seinem und unserem himmlischen Vater, zu erzählen, der dafür sorgen will, dass in Eurem Leben Euch kein einziges Haar gekrümmt werden soll. Naiv? Nun, der Satz steht mitten in einer Ansprache an die Jünger, in der Jesus recht nüchtern vorhersagt, dass ihr Leben nicht immer glatt und einfach verlaufen wird. Wisst Ihr, liebe Konfirmandinnen und liebe Konfirmanden, naiv wäre ich, wenn ich Euch in diesem Gottesdienst blind versprechen würde, dass Euch und Euren Haaren niemals Schwierigkeiten begegnen werden. Manch einer wird vielleicht noch an ihnen ziehen, sie kämmen, vielleicht fallen sie in absehbarer Zukunft aus, werden grau, am Ende schlossweiß. Aber was ich Euch mitgeben darf, ist der christliche Glaube, dass für Gott aus all diese Herausforderungen, die über euren Köpfen schweben, Möglichkeiten erwachsen können, Euch zu beschützen und in seinen Hände zu bewahren. Selbst in Situationen, in denen Euer Schicksal nur noch an einem einzigen Haar zu hängen scheint.

So wurden mir Eure Haare – längst über die konkreten Frisuren hinaus – zu einem Bild der Bewahrung: Mitten auf unseren Köpfen dürfen wir die Segenskraft Gottes verspüren; nicht nur am Tage Eurer Einsegnung, sondern vielleicht mehr noch in solchen Momenten, wo man sich verzweifelt die Haare raufen möchte. Werden die Haare so beschützt, dann kann man damit aufhören, sich ständig um ihr Wachstum und damit dem eigenen Fortbestand Sorgen zu machen. Hat Gott meine Haare gezählt, dass ohne seinen Willen auch nicht eines verloren geht, dann kann ich mich als ganzer Mensch, mit Haut und Haaren sozusagen, seinen Händen anvertrauen. Als ich das endlich verstanden hatte, da konnte ich dann auch den Sohn meines Freundes getrost seine Straße ziehen lassen. Kurzhaarschnitt oder wallende Locken: Seine Glatze, aber auch Eure unterschiedlichen Frisuren wurden mir zu einem Bild der verschiedenen farbenfrohen Wege Gottes mit Euch. Die doch alle unter dem gleichen Zeichen der Bewahrung durch ihn verlaufen.

Ich wollte Euch aber noch ein kleines Geschenk mitgeben, das Euch an diesen Tag und seine Haar-Geschichten erinnern sollte. In früheren Zeiten gab man seinem Geliebten zum Abschied oft eine Locke als Liebespfand mit. Ich erinnerte mich, dass ich selber in Eurem Alter, als ich mich zum ersten Mal richtig verliebt hatte, mir von meiner Freundin auch so eine Locke schenken ließ. So etwas bekommt Ihr alle auch gleich an einem Seidenband geschenkt. Die Locke soll Euch an diesem Tag, aber natürlich auch darüber hinaus an Gott erinnern, der gerade auch mit Euren Haaren zeigen will, was er insgesamt mit Euch vorhat: zu trösten in Situationen, in denen einem die Haare zu Berge ragen und man nicht weiß, wo einem der Kopf steht. Unser Friseurmeister hat das Jahr über die schönsten Locken für Euch gesammelt. Wir hängen sie Euch um als Zeichen der liebevollen Bewahrung Gottes, unabhängig von der Art Eurer Frisuren. Wenn Ihr die Locke anschaut, dann werdet Ihr ihn in Euren Köpfen und Herzen niemals aus den Augen verloren – kurzgeschoren wie mein junger Freund oder mit einer langen „Matte" wie zu meiner Konfirmation.

Amen.

7 | „Die Perle des Lebens"

I. ANMERKUNG:

Als Geschenk nach der Einsegnung bekamen die Konfirmand-
Innen eine Muschel an einem Band geschenkt, in die wir jeweils
eine kostengünstige Zuchtperle gesteckt habe.

II. BEGRÜSSUNG:

Liebe Konfirmandinnen und liebe Konfirmanden, liebe Eltern
und Großeltern, VerwandtInnen und Gäste, liebe Gemeinde!

Ganz herzlich möchte ich Sie und Euch alle zu unserem Konfirmationsgottesdienst in unserer Kirche willkommen heißen. Am Ende
unserer eineinhalbjährige Unterrichtszeit frage ich mich immer
wieder, ob wir Euch als Eure Kirche auch genügend ausgerüstet
haben. Dabei denke ich an eine Orientierung für Euer Leben, die
Euch einen Halt und festen Rahmen gibt. Es gibt ja heute für
Euch so viele Möglichkeiten und Angebote, den Schatz Eures
Lebens zu entdecken, dass wir als Kirche manchmal dabei nur ganz
bescheiden am Rande zu stehen scheinen. Dass aber der christliche
Glaube wie eine kostbare Perle in einer Muschel verborgen liegt,
die es immer wieder geduldig zu entdecken gilt, diese Botschaft
werdet Ihr hoffentlich nicht nur heute hören, sondern tatsächlich
selber in Euerm ganzen Leben erfahren. Dabei wird Gott Euch
immer wieder sein Himmelreich zeigen, ein Leben in Geborgen-
heit, Erfüllung und Glück. Und deshalb feiern wir auch diesen
Konfirmationsgottesdienst im Namen Gottes des Vaters, des Sohnes und des Heiligen Geistes. Amen.

III. PSALM: 1

IV. LIEDER:

Lobe den Herren, den mächtigen König der Ehren (EG 317, 1–5); Wir haben Gottes Spuren festgestellt (Lieder zwischen Himmel und Erde, tvd-Verlag, 230, 1–3); Geh den Weg nicht allein (tvd, 326,1–6); Bewahre uns, Gott, behüte uns, Gott (EG 171,1–4); Herr, deine Liebe ist wie Gras und Ufer (tvd, 224,1–4); Nun danket alle Gott (EG 321,1–3)

V. LESUNG:

1. Mose 2,4b–9a+15

VI. FÜRBITTENGEBET:

(Nach Franz von Assisi:) O Herr, mach mich zu einem Werkzeug deines Friedens (z.B. EG, Ausgabe Rheinland, 875)

VII. SEGEN:

Geht und seid Salz für die Erde und Licht für die Welt. Geht mit der Zuversicht, dass ihr dabei nicht allein seid, sondern in der Gemeinschaft aller ChristInnen lebt, ja mehr noch: In der Gemeinschaft mit Christus selbst. Es segne und behüte uns alle der allmächtige und barmherzige Gott, Vater, Sohn und Heiliger Geist. Amen.

VIII. PREDIGT:

Liebe Konfirmandinnen und liebe Konfirmanden!

Jesus hat gern kleine Geschichten erzählt. Und die Menschen hörten ihm immer gespannt zu, weil sie schnell den Eindruck hatten: Der redet ja von uns! Der erzählt Geschichten aus unserem wahren Leben, von Schwierigkeiten, die dabei auftreten können, aber fast mehr noch von unseren Träumen. Jesu eigener größter Traum war das Himmelreich. Das war für ihn die größte Kostbarkeit des Lebens. Und dieses Himmelreich, das hätte er natürlich auch recht sachlich und ganz nüchtern beschreiben können. Vielleicht etwa so: „Liebe Jugendliche aus all den Ortschaften hier, macht Euch in Eurem Leben auf die Suche nach dem Himmel auf Erden. Wenn Ihr dort angekommen sein werdet, dann habt Ihr Sinn in Eurem Leben gefunden und Zufriedenheit und sicherlich auch das, was man landläufig Glück nennt. Vor allem aber die Nähe und die

Liebe Gottes!" Jetzt mal ehrlich, hättet Ihr ihm bei so viel Theorie und abstrakten Begriffen lange zuhören können; zumal am heutigen Tag, wo Ihr alle sowieso furchtbar aufgeregt und von tausend anderen Gedanken abgelenkt seid? Nein, so gelehrt sprechen wohl eher deutsche PfarrerInnen, aber Jesus doch wohl eher nicht. Wahrscheinlich ahnte dieser schon vor vielen Jahrhunderten, dass sich Menschen – und damit natürlich auch KonfirmandInnen – die Geschichte am besten merken, in der sie selber vorkommen. Aus diesem Grund will ich heute gar nichts anderes tun, als Jesu zu Euch selber sprechen zu lassen: „Das Himmelreich", so begann er einmal, „ist mit einem Kaufmann zu vergleichen, der gute Perlen suchte und als er *eine* kostbare Perle fand, ging er hin und verkaufte alles, was er hatte und kaufte sie."

Liebe Jugendliche, ein kostbarer Tag in Eurem Leben, dieser *(DATUM)*. Ein Tag, den man nicht so schnell vergessen wird, ein Tag, der völlig anders ist als alle normalen Tage sonst. Zum christlichen Glauben bekennt Ihr Euch an ihm; und unsere Kirche nimmt Euch deshalb als vollwertige Mitglieder auf. Darüber hinaus steht Ihr an der Schwelle zum Erwachsenwerden. Das alles ist ja wohl kostbar genug, um es gebührend zu feiern. Es hat allerdings auch einiges an Anstrengung und Mühe gekostet, bis Ihr mit Euren Familien den passenden Ablauf des Tages gefunden hattet. Ihr könnt mir glauben, ich weiß, wovon ich rede, weil wir ja auch in unserer Familie versucht haben, der Kostbarkeit dieses Jahres gerecht zu werden. Schon nach Weihnachten ging es los: Wen alles will man zum Fest und zum Festessen einladen? Wie sollen die Einladungsschreiben künstlerisch gestaltet werden? Sind – meist ja zusammen mit geduldigen Müttern – bei C&A oder anderswo neue Kleider, Jacken, Blazer, kurz ein neues Outfit zu besorgen gewesen? Auf welche Art wollten die Eltern den Blumenschmuck in der Kirche mitgestalten? Bestellen wir ein Büfett oder muss Großmutter mit ihrem Ostpreußischen Rehrücken ran? Wird es ein Nachmittagsprogramm geben, vielleicht mit Musik und launigen Schwänken aus dem Leben des Gefeierten, vielleicht sogar eine Beamer-Präsentation mit Fotos von den Anfängen bis jetzt? Müssen Verwandte für eine Übernachtung untergebracht werden, oder kann man es dem nicht immer ganz einfachen Onkel Willi schonend beibringen, vielleicht schon am späteren Nachmittag die Heimreise anzutreten? Nicht, dass Sie mich jetzt missverstehen: Ich halte alle diese Fragen und Überlegungen zur Gestaltung des kostbaren Tages durchaus für sinnvoll. Ohne Planung, liebe KonfirmandInnen, ohne eine durchdachte Ordnung läuft in unserem Leben nichts. Was meint Ihr wohl, wie viele umsichtige und fleißige „Kaufmänner" und „Kauffrauen" in Gestalt Eurer Eltern, Großeltern und PatInnen damit beschäftigt waren, dem heutigen Tag einen gelungenen Rahmen zu geben; ganz zu schweigen von den BäckerInnen, KöchInnen, FloristInnen und VerpackungskünstlerInnen. Sie alle haben sich gemeinsam bestmöglich bemüht, diesen Tag zu einem vollendeten Kunstwerk zusammenzufügen.

Auch den ZuhörerInnen Jesu waren solche Kaufleute bekannt gewesen. Auch sie waren unterwegs und hatten es sich in den Kopf gesetzt, etwas ganz besonders Kostbares zu erwerben. Erst dann würden sie zufrieden sein, wenn sie diesen Schatz entdeckt hätten. Und diese LebenssucherInnen und -künstlerInnen möchte nun Jesus auch Euch als Vorbilder hinstellen. Für heute, aber im Grunde doch für Euer ganzes Leben. Macht Euch also nun selber auf die Suche, das Himmelreich, Gottes Nähe auf Erden, zu suchen, aufzustöbern – und schließlich zu finden. Damit Euer Leben wirklich über diesen Tag hinaus gelingt. Versucht doch einmal, auch Euer Lebensziel als kostbare Perle zu verstehen, die es noch zu entdecken gilt. Perlen, liebe Jugendliche, sind eine äußerst wertvolle Angelegenheit. Vielleicht wart Ihr ja dabei, als Euer Vater schweißgebadet zusammen mit Eurer Mutter einen Juwelierladen verließ – und dort einen großen Teil seines Ersparten für eine echte Perlenkette gelassen hat. Das war es ihm wert. Aus Liebe zu seiner Frau und zur schillernden Schönheit. Künstliche Perlen, Zuchtperlen kannte Jesus noch nicht. Ihm war bewusst, was es für Perlenfischer und Muscheltaucher an Gefahren bedeutet, diesen Glanz des Meeres zu entdecken und zu heben. „Margarita" – so nannte man in der griechischen Umwelt Jesu diese geheimnisvoll schimmernden Kugeln: Hübsch und attraktiv wie ein Bund blühender Blumen, die wir deshalb heute auch vor die Kirchentür gestellt haben. Darüber hinaus entsinne ich mich noch, dass Bekannte meiner Eltern auch dann von einer „Perle" sprachen, wenn sie damit eine besonders gute Haushalthilfe auszeichnen wollten.

Der Kaufmann/die Kauffrau ist also auf der Suche nach einer kostbaren Perle, wahrscheinlich nur nicht selber in die Tiefen des Meeres hinabsteigend; er/sie war sich aber sehr wohl bewusst, was es an Gefahren, Einsatz, Mühen und Ideen verlangt, dann doch irgendwann einmal auf diesen außergewöhnlichen Schatz zu stoßen. So seid Ihr, und so, liebe KonfirmandInnen, werdet auch Ihr in der kommenden Zeit tätig sein, die glänzende Perle Eures Lebens zu finden. Denn wenn Jesus das Himmelreich mit dieser Perle vergleicht, dann meint er natürlich nicht nur irgendeine Zeit in ferner Zukunft. Nein, ihm lag alles daran, dass die Zuhörer, die an seinen Lippen hingen, schon heute etwas Himmlisches erleben sollten. Dazu gehörte für ihn eben auch eine sinnvolle Lebensbeschäftigung, die Entdeckung der eigenen Fähigkeiten – und nicht zuletzt vertraute Menschen an der Seite, die einen beraten, aber sehr wohl auch liebevoll zu feiern verstehen. Das sind Eure Perlen: Der Konfirmationssegen schickt Euch in den kommenden Jahren aus, sie zu finden in der Schul- und Berufsausbildung, bei entspannenden Tätigkeiten in der Freizeit und nicht zuletzt im Zusammensein mit guten Menschen, die zum Kostbarsten gehören werden, was das Leben für Euch bereit hält. Das alles ist nicht schnell zu regeln und schon gar nicht einfach zu entscheiden. Nur echte Glückspilze stoßen beim ersten Taufgang auf *die* entscheidende Muschel, die in ihrem Perlmutt das wahre Geheimnis des Lebens enthält. Sicherlich, es gibt Zufälle, bei denen einem aus heiterem Himmel die entscheidende Perle geradezu in den Schoß fällt. NaturwissenschaftlerInnen unter Euch wissen, dass man bei der Erklärung überraschender Neuheiten, sogar bei der These über die Entstehung unseres Universums von der „Chaostheorie" spricht. Tatsächlich, Wunder *können* plötzlich passieren. Aber nur auf solche Wunder zu warten – damit funktioniert niemals ein ganzes Leben. So wie dieser heutige Tag von einer Fülle von Überlegungen bestimmt war, bis sein kostbarer Ablauf gefunden wurde, so werdet auch Ihr mit Abwägen, Verwerfen und Neusuchen zu tun haben, bis Ihr Euer Lebensglück endlich gefunden haben werdet. Haltet es gut fest, denn Veränderungen und mancherlei Unordnung können die Perle auch wieder aus dem Blick verlieren.

Ich weiß ja nicht, wie Eure Zimmer heute Morgen ausgesehen haben, aber ich kann mich selber noch gut erinnern, dass es bei mir damals ziemlich chaotisch zuging. Und so eine Unordnung kann dann leider manchmal auch ein Spiegelbild für ein inneres unaufgeräumtes Leben sein. Was ich Euch damit mitgeben will: Macht Euch als Kaufleute und PerlenfischerInnen ab heute klug auf den Weg, Ausschau zu halten nach einer Perle, die nicht falsch, sondern tatsächlich kostbar ist und bleibt. Natürlich sträubt man sich in Euerm Alter, so etwas wie Lebensregeln, Zeiteinteilung, Rücksichtnahme auf Menschen und auch einen selbst zu akzeptieren. Und vielleicht wird es dabei fast noch wichtiger sein, wovon Ihr Euch trennen und worauf Ihr verzichten könnt. Nicht jeder Schatz, der glänzt, ist Gold. Im KonfirmandInnenunterricht, besonders bei der Besprechung der 10 Gebote, haben wir versucht, Euch Maßstäbe, Leitlinien für eine geglückte Lebenssuche mitzugeben. Sie wollen Euch nicht einengen, sondern vielmehr den Horizont zum Himmel erweitern. Wer immer wieder versucht, an zunächst verschlossenen Muscheln anzuklopfen, wer Jesus dabei um Beistand und Hilfe bittet, dem werden andere Schätze zusehends unwichtiger. Und er kann dann tatsächlich auf vieles verzichten, wenn Gottes Himmel sich im eigenen Leben funkelnd widerspiegelt. Ihr werdet solche Momente der Erfüllung erfahren, wo Ihr plötzlich spürt: Jetzt bin ich zu Hause. Jetzt empfinde ich Gottes Güte. Jetzt stehe ich unter seinem Schutz. In vielerlei Formen könnt Ihr dieses Glück erleben: Ja natürlich, dazu kann auch ein liebevoll ausgesuchtes, kostbares Konfirmationsgeschenk gehören oder das Geschenk der Zuneigung, das Euch heute aus vielen Herzen entgegen schlagen wird. In solchen Augenblicken wäre es mehr als dumm, nicht zuzugreifen, sondern stattdessen zu denken: „Ach, vielleicht finde ich ja eine noch kostbarere Perle. Ich lass das Himmelreich erst einmal links liegen. Später bleibt dafür noch immer Zeit genug." Nein, es kann ein „Zu-Spät" geben, wenn man es versäumt, das faszinierende Liebesangebot Gottes aufzuschieben oder gar ganz auszuschlagen.

Der Kaufmann/die Kauffrau in unserer Erzählung jedenfalls zögert keine Sekunde. Er/sie spürt, jetzt geht es um Alles, das Himmelreich auf Erden, und dafür kann man sich leichten Herzens von allem trennen, was einem bisher als wichtig erschienen ist. Die einzige Kostbarkeit, die jetzt noch zählt, ist die Perlenkette, auf die Gott all die gelungenen Tage und Jahre Eures Lebens auffädelt. Jesus weiß um den Ernst der Situation und warnt einmal drastisch davor, „Perlen vor die Säue zu werfen", also den Liebesschatz Gottes unbedarft zu verspielen. Auch Ihr habt ja schon gelernt, Euch für diesen Tag zu entscheiden: Man muss nicht alle scheinbar unumstößlichen Traditionen übernehmen, wenn sie dem Himmelreich im Wege stehen. Und Ihr habt gesagt: „Nein, diese Menschen müssen vielleicht dann doch nicht dabei sein." Trennung von Altlasten kann frei machen und öffnet den Blick in den Schatz der Welt. Damit Ihr immer wieder Euch daran erinnern könnt, schenken wir Euch an Eurem Konfirmationstag eine Muschel mit einer Perle. Vielleicht werdet Ihr sie nach mancherlei Suchen, Mühen und Tauchgängen noch durch eine kostbarere ersetzen, die dann endgültig Gottes Himmelreich widerspiegeln wird.

Amen.

8 „Der himmlische Leuchtturmwärter"

I. ANMERKUNG:

Für das Gespräch mit dem Leuchtturmwärter, der in einer „Hamburger Kluft" mit „Prinz-Heinrich-Mütze" auftrat, ist es wichtig, einen Leuchtturm zur Hand zu haben. Der kann aus Pappe gemalt oder Pappmaschee angefertigt werden, ebenfalls eignet sich ein Großplakat mit Leuchtturm des „Christlichen Plakatdienstes Hamburg e.V., Königstraße 54, 22767 Hamburg". Ich hatte mir – besonders eindrücklich! – einen circa 1,50 Meter hohen Lego-Leuchtturm inkl. Lichteffekt von einem Bastler ausgeliehen. Der Fantasie sind also keine Grenzen gesetzt. Zu Beginn der Predigt braucht der Pfarrer/die Pfarrerin eine Kerze. Als Geschenk bekamen die KonfirmandInnen eine kleine Taschenlampe und eine Briefmarke mit einem Leuchtturm versehen.

II. BEGRÜSSUNG:

Liebe Konfirmandinnen und liebe Konfirmanden, liebe Eltern und Großeltern und PatInnen, VerwandtInnen und Gäste, liebe Gemeinde!

Ganz herzlich möchte ich Euch und Sie alle an diesem besonderen Tag, die Konfirmation junger Menschen, hier in unserer schönen Kirche willkommen heißen. Wir alle haben manche Wege zurücklegen müssen, um jetzt wohlbehalten an diesem Ort angekommen zu sein. Die Jugendlichen und ich: Gemeinsam sind wir eineinhalb Jahre durch die Welt der Kirche und des Glaubens gewandert. Sie als Familie haben während dieser Zeit Pfade des Erwachsenwerdens Ihrer Kinder begleitet. Und schließlich haben sich nun heute für diese Feier zahlreiche Menschen auf den Weg gemacht, um das Fest gemeinsam mit Euch zu erleben und zu gestalten. All diese

Entwicklungswege, Pfade und Fahrten – sie wären nicht möglich gewesen, wenn wir alle dabei nicht immer wieder von einem Licht geleitet worden wären, das uns auch in schwierigeren Zeiten die rechte Richtung ausgeleuchtet hat. Ich wünsche uns, dass dieser himmlische Lebensstrahl jetzt auch den Konfirmationsgottesdienst erhellen möge und danach immer über Eure Zukunft wachen möge. So feiern wir diesen Gottesdienst im Namen Gottes, des Vaters, der zu Beginn unserer Schöpfung mitten aus der Dunkelheit das Licht erschaffen hat; im Namen seines Sohnes Jesus Christus, der Licht für alle Welt sein wollte; und im Namen des Heiligen Geistes, der gerade auch an diesem Tag das Licht des Glaubens in unseren Herzen entzünden möge.

III. Psalm:

11 in neuer Übertragung (EG, Ausgabe für die Ev. Kirche im Rheinland, Westfalen, Lippe, 775)

IV. Lieder:

Lobe den Herren, den mächtigen König der Ehren (EG 317, 1–4); Gott gab uns Atem (EG 432,1–3); Wir haben Gottes Spuren festgestellt (Lieder zwischen Himmel und Erde, tvd-Verlag, 230,1–3); Möge die Straße uns zusammenführen (tvd, 89, 1+2+4); Herr, deine Liebe ist wie Gras und Ufer (tvd, 2241–4); Nun danket alle Gott (321,1–3)

V. Lesung:

1. Johannes 2,7–10

VI. Fürbittengebet:

Herr Jesus Christus! Wir sagen Dir in diesem Konfirmationsgottesdienst Dank, dass Du diese jungen Menschen mit Deinem Segenslicht seit ihrer Geburt und Taufe behütet und begleitet hast. Durch Deine Strahlen haben sie immer wieder Lebensorientierung, Trost und Erhellung ihrer Gedanken erfahren. Heute durften sie Dein Licht bei der besonderen Einsegnung als konfirmierte Jugendliche verspüren, das sie ihr Lebtag lang weiterhin erhellen will. So bitten wir Dich: Schenken diesen jungen Menschen auch weiterhin Einsicht, Klarheit und Verständnis, damit sie sich in den Zeiten ihres

Heranwachsens an der Helligkeit des christlichen Glaubens orientieren können. Gibt Du ihnen gute Gedanken und Einfälle bei der weiteren schulischen Ausbildung und Berufsfindung, damit sie erkennen, zu welcher Tätigkeit die ihnen von Dir geschenkten Gaben sich besonders eignen. Lass auch dort Dein Licht leuchten, wenn sie sich später einmal einem Menschen ganz anvertrauen wollen, damit ihre Beziehung offen und wahr gestaltet werden kann. Und lass sie vor allem auch in Situationen, die von mancher Dunkelheit und Schwierigkeit bestimmt sein wird, Dich selber als das Licht der Welt erfahren, das ihnen immer wieder einen Weg aus der Finsternis und Trost in der Nacht aufzeigen wird. Gehe mit uns allen als Lebensstrahl mit, der wie von einem himmlischen Leuchtturm ausgesandt unsere ganze Zukunft in die Helligkeit Deiner Liebe tauchen wird.

VII. SEGEN:

Segen sie mit dir, / der Segen strahlenden Lichtes, / Licht um dich her / und innen in deinem Herzen. / Sonnenschein leuchte dir / und erwärme dein Herz, / bis es zu glühen beginnt / wie ein großes Torffeuer, / und der Fremde tritt näher, / um sich daran zu wärmen. / Aus deinen Augen strahle / gesegnetes Licht / wie zwei Kerzen / in den Fenstern deines Hauses, / die den Wanderer locken, / Schutz zu suchen dort drinnen / vor der stürmischen Nacht. Wen du auch triffst, / wenn du über die Straße gehst, / ein freundlicher Blick von dir / möge ihn treffen. (Aus Irland)

VIII. PREDIGT:

Pfarrer (P): Liebe Konfirmandinnen, liebe Konfirmanden!
Ach, wie soll ich Euch das jetzt erklären? Ob Ihr es glaubt oder nicht, an diesem Festtag, am Tage Eurer Konfirmation, da beschleichen mich immer sehr gemischte Gefühle. Natürlich freue ich mich zunächst ganz doll mit Euch mit, dass wir gemeinsam diesen Tag erreicht haben. Ich hatte, das muss ich Euch heute wirklich auch einmal sagen, in den eineinhalb Jahren unserer Unterrichtszeit viel Freude mit Euch. Ihr wart neugierig. Ihr wart in vielen Diskussionen sehr engagiert. Viele von Euch haben regelmäßig unsere Gottesdienste be-

sucht. Eigentlich, nicht wahr, könnte ich mit Euch zufrieden sein. Eigentlich könnten wir uns heute gemeinsam nur fröhliche Gedanken in diesem Gottesdienst gönnen, miteinander singen und beten; um anschließend dann eine Fülle von Geschenken, gutem Essen, Geselligkeit im Verwandten- und FreundInnenkreis zu genießen. Aber, seht Ihr, so einfach ist die Sache nicht. Bei aller Freude über Euch: Trotz alledem mache ich mir an diesem Tag auch Sorgen um Euch. Ich weiß, dass Ihr mich jetzt erstaunt anseht. „Sorge, Kummer, gar Ängste um so gut aufgestellte junge, interessierte Menschen?", denkt Ihr jetzt vielleicht im Stillen. Was soll uns denn schon passieren? Wir haben doch Ideen, Kräfte, Vorstellungen für die Zukunft – und dazu bekommen wir ja heute noch einen besonders hellen, lichtvollen Segen geschenkt, der uns in allen Situationen unseres Lebens begleiten und beschützen wird. – Ja, seht Ihr, möchte ich Euch drauf antworten, das ist ja gerade das Problem. Ich bin mir nämlich gar nicht sicher, ob das, was wir gemeinsam gelernt und erlebt haben, für alle Jahre Eures Lebens tatsächlich ausreichen wird. Schaut einmal her: hier diese Kerze. Sie ist ein Symbol für das Licht des Glaubens. *(P. zündet Kerze an.)* Oft haben wir gemeinsam darüber nachgedacht, wie Gott Helligkeit und Klarheit in Euer Leben bringen will. Wie er Euch damit einen sinnvollen Weg aufzeigt. Euch begleitet und nie alleine lässt. Aber was geschieht, wenn die Kerze, das Licht Gottes, ihre Helligkeit nicht mehr stark genug ist? *(P. bläst die Kerze aus.)* Was passiert, wenn Ihr in manche Finsternis in Euerm Leben geratet? Was macht Ihr, wenn dunkle Gestalten es nicht gut mit Euch meinen, wenn Ihr von einem vernünftigen Weg abkommt, wenn Ihr in Fragen Eurer Berufsfindung oder menschlicher Beziehungen nicht mehr weiter wisst? Seht, vielleicht versteht Ihr jetzt, dass ich mir schon heute ein wenig Sorgen um Euch mache, weil ich Euch dann nicht mehr erreiche, nicht mehr begleiten und helfen kann; und so das Licht des Glaubens mitsamt dieser Kerze nicht stark genug sein wird, Euch vor Dunkelheiten zu bewahren.

Leuchtturmwärter (L): Ja, Sie vielleicht nicht.

P: Ja, was um alles in der Welt ist denn hier los?

L: Was hier los ist? Sie scheinen Ihren Glauben los zu sein!

P: Wie bitte? Nur weil ich mir Gedanken über das Lebenslicht meiner KonfirmandInnen mache, hätte ich meinen Glauben verloren? Aber was rede ich da überhaupt mit Ihnen? Dürfte ich vielleicht einmal freundlicherweise erfahren, wer Sie sind und wie Sie es sich erlauben können, diesen schönen Konfirmationsgottesdienst einfach so zu unterbrechen?

L: Also, es ist schon sehr die Frage, wer hier was unterbricht. Bei den letzten Worten Ihrer Rede, lieber Herr Pfarrer/liebe Frau Pfarrerin, die ich eben noch mitgehört habe, da hatte ich eher den Eindruck, *Sie* unterbrechen den fröhlichen Ablauf der Feier. *Sie* sind es nämlich, der nicht weiter weiß, was aus der Helligkeit des christlichen Glaubens für diese jungen Menschen einmal wird. Stimmt's?

P: Na ja, so ganz falsch ist das nicht. Aber das beantwortet immer noch nicht meine Frage, wer Sie sind und was Sie hier überhaupt wollen.

L: Ja, sieht man das denn nicht? *(L. zeigt auf den mitgebrachten Leuchtturm.)* Ich bin der himmlische Leuchtturmwärter, und also auch für diese Kirche der gute Geist des Lichts. Ich sorge dafür, dass diese Jugendlichen auch in Zukunft mit hellen, freundlichen Gedanken beschenkt werden. Im Übrigen habe ich das immer schon gemacht, seit sie auf der Welt sind.

P: Aber, ich habe Sie hier noch nie gesehen. Wo wohnen Sie eigentlich und was machen Sie sonst, wenn Sie nicht gerade Konfirmationsgottesdienste unterbrechen?

L: Wo ich wohne? Ach, du meine Güte, lieber Herr Pfarrer/liebe Frau Pfarrerin, wo denn sonst, als in dieser Kirche? Jedes Mal, wenn auf dem Altar eine Kerze angezündet wird, erwache ich zum Leben. Und schenke den Menschen, die zum Beten und Singen kommen, etwas von Gottes Licht.

P: Aber dann würde doch unser normales Kerzenlicht vollauf ausreichen. Wozu haben Sie sich denn darüber hinaus noch diesen gigantischen Leuchtturm angeschafft?

L: Ja, sehen Sie, Sie haben doch selber eben darüber nachgedacht, wie Sie Ihre Jugendlichen auch noch nach der Konfirmation erreichen können. Da reicht eben manchmal so ein Kerzendocht nicht aus. Da muss dann schon ein größerer Strahler her, der die KonfirmandInnen selbst in weitester Ferne noch

erreicht und sie mit seinem freundlichen Lichtkegel beschüt-
zend umgibt.

P: Aber, wissen Sie, Herr Leuchtturmwärter, genau das ist doch
das Problem. Vielleicht wollen die Jugendlichen ihren Lebensweg ja gar nicht von Ihnen bescheinen lassen. Vielleicht
wollen die in Zukunft von dem Herzenslicht der Kirche und
des Glaubens schlicht und einfach in Ruhe gelassen werden.
Vielleicht wollen die ganz einfach ihren Weg alleine finden
und gehen – ohne Eltern, ohne LehrerInnen, ohne PfarrerInnen und dann eben manchmal auch ohne Gott.

L: Natürlich, ja, da mögen Sie recht haben. Junge Menschen
wollen nun mal selbstständig sein und sich nicht jede Lebens-
funzel hinterher tragen lassen. Dabei können sie dann auch
ganz eigensinnig und überhaupt ziemlich selbstbewusst auftreten. Aber, sehen Sie, immerhin kenne ich ja diese Jugendlichen nicht erst seit heute.

P: Nicht?

L: Nein, natürlich nicht. Seit dem Tage, als sie zum ersten Mal
dem Licht, ihrem Lebenslicht begegnet sind, bin ich an ihrer
Seite und begleite sie.

P: Das müssen Sie mir jetzt aber doch etwas genauer erklären.

L: Dass PfarrerInnen auch immer so misstrauisch sind und um-
ständlich alles hinterfragen müssen. Also, überlegen Sie doch
einmal selber: Wann strahlt denn wohl zum ersten Mal das
Licht Gottes über dem Leben eines Menschen auf?

P: Also, na ja, ich denke, nun, doch höchstwahrscheinlich bei
seiner Geburt.

L: So ist es. Seit dem Geburtstag dieser jungen Menschen bin ich
an ihrer Seite mit ihnen unterwegs. Ich lasse den Lichtkegel
der Liebe Gottes zärtlich über sie hinwegstreichen und tauche
sie dabei in Helligkeit, Klarheit, Freundlichkeit und Glück.
Und jedes Mal nenne ich ihnen dann dazu einen kostbaren
Vers.

P: Kostbaren Vers?

L: Ach, nun stellen Sie sich doch bitte nicht so an. Gerade Ihnen
als PfarrerIn werden wohl doch noch einige helle, lichtdurch-
flutete Bibelverse einfallen, die man Menschen in den unterschiedlichen Situationen ihres Lebens auf den Weg mitgeben
kann. Die also etwas über das Licht Gottes erzählen. Und

damit dann auch immer wieder helfen, der Finsternis ins Auge zu sehen – und sie aufzuhellen.

P: Das wirft ja ein völlig neues Licht auf meine alte Bibel. Natürlich, Sie haben gar nicht so unrecht: Lichtsprüche für alle Lebenslagen! Lassen Sie mich mal selber überlegen. Also, zum Beispiel, zu Beginn eines jeden Menschenlebens, da würde ich für sie einen Spruch aus der Schöpfungsgeschichte aussuchen: „Und Gott sprach: Es werde Licht! Und es ward Licht. Und Gott sah, dass das Licht gut war."

L: *(Malt entweder bei den Bibelzitaten ein Licht auf den Leuchtturm oder zündet eine Kerze bzw. knipst kleine elektrische Lichter an.)* Das kommt mir natürlich ziemlich bekannt vor. Aber, Kompliment, Sie haben wirklich gut gewählt. Zu Beginn eines jeden Lebens, natürlich auch desjenigen der jungen Menschen hier, strahlt das wunderbare Licht Gottes bei ihrer Erschaffung auf. Immer also, wenn ein Mensch geboren wird, entzünde deshalb auch ich meinen Leuchtturm und lasse genau diesen schönen Schöpfungsvers weit ins Land hinaus erklingen.

P: Ja, mein guter himmlischer Leuchtturmwärter, nun entsinne ich mich dunkel, dass Sie mir doch schon einmal noch in einer anderen Lebenssituation begegnet sind. Nach der Geburt eines Menschen. Das war, Moment einmal, richtig, das war als zweiter Lichtpunkt natürlich bei der Taufe dieser jungen Menschen.

L: Leuchtender Volltreffer! Natürlich, wo denn sonst?! In der Taufe wird jedem Menschen ein geistlicher Lichtfunke in Herz und Seele gelegt. Und sehr oft sage ich dann über dem Taufbecken den Vers auf: „Christus spricht: Ich bin das Licht der Welt. Wer mir nachfolgt, der wird nicht wandeln in der Finsternis, sondern wird das Licht des Lebens haben." Und dann wissen die Tauffamilien, dass sie für ihren ganzen weiteren gemeinsamen Lebensweg in Gottes Licht getaucht werden, an dem sie sich in allen Entscheidungen orientieren können, wie die Seefahrer auf dem Meer an den Leuchttürmen an Land.

P: Nun wird mir natürlich wesentlich klarer, warum Sie ausgerechnet heute, am Tage der Konfirmation dieser jungen Menschen, hier in der Kirche auch ganz sichtbar in Erscheinung treten. Heute ist wohl wieder so ein herausgehobener Tag, an dem das göttliche Licht über Menschen ausgegossen werden soll, damit sie sich erhellt und geleitet fühlen.

L: Ja, genau darum geht es heute, an einem ganz wichtigen Entwicklungspunkt im Leben junger Menschen. Ich lasse Gottes Licht über ihnen aufstrahlen *(malt bzw. zündet wieder ein Licht an, s.o.)*, damit auch die kommende Zeit nie ganz im Dunkeln liegt. Und natürlich auch, damit sie lernen, wie sie nun selber als verantwortungsbewusste Christen die Welt etwas heller und freundlicher machen können. Und deshalb sage ich bei der Konfirmation gerne auch mal den Spruch aus der Bergpredigt auf: „Ihr seid das Licht der Welt. Lasst deshalb euer Licht vor den Leuten leuchten, damit sei eure guten Werke sehen und euren Vater im Himmel preisen."

P: Ach, lieber Leuchtturmwärter, das alles klingt ja sehr harmonisch, so friedlich und schön. Und für die guten Seiten des Lebens, Taufe und Konfirmation haben diese hellen Sätze ja durchaus ihre Berechtigung. Aber, sehen Sie mal, vielleicht beginnen ja schon morgen in den Familien diese oder jene Probleme. Geburt und Verwandtenfeier – wenn's ernst wird, liegen beide dann fast genau so weit hinter den Jugendlichen zurück. Aber wo leuchtet jetzt Ihr Licht? Was passiert denn z.B., wenn diese jungen Leute heute die Kirche dort durch die Tür verlassen – und dann vielleicht ganz lange nicht mehr wiederkommen? Oder mit Schulproblemen zu kämpfen haben? Oder ihre Eltern sich nicht mehr so recht verstehen? Läuft es dann nicht doch eher so wie mit meiner Kerze hier ab, dass der Docht einmal kurz zum Fest aufgeleuchtet ist, um dann aber doch vom Wind des Alltags ausgeblasen zu werden?

L: Sehen Sie, gerade dann, gerade in solchen Momenten komme ich ins Spiel. Verstehen Sie jetzt endlich, warum mein Leuchtturm so unübersehbar groß sein muss? Mit diesem Scheinwerfer, mit seinem Lichtkegel erreiche ich unsere Jugendlichen selbst dann, wenn sie aus der Gemeinde, also aus Ihrem Lebensumfeld, Herr Pfarrer/Frau Pfarrerin, aus der Kirche, aus der Welt des Glaubens sich verabschiedet haben und scheinbar völlig verschwunden sind.

P: Das mag ja sein. Aber was geschieht eigentlich, wenn die Jugendlichen gar nicht Ihre Begleitung wollen? Vielleicht fühlen die sich ja ganz zufrieden und glücklich ohne jeden Funken göttlichen Lichts?

L: Natürlich, das mag manchmal den Augenschein haben. Manche junge Erwachsenen geben sich ganz gerne – wie sagt man? – so einen coolen Anstrich, dass sie auf mich, meine Verse, mein Licht bestens verzichten können. Und doch können sie sich dabei gewaltig verrechnen und selber täuschen. Und es täuscht gerade in den kommenden Jahren?

P: Und wieso das?

L: Nun, können Sie sich das nicht selber denken? Was passiert denn in der nächsten Zeit?

P: Nun, ich denke, ich weiß nicht …

L: Herr Pfarrer/Frau Pfarrerin! In der nächsten Zeit wird sich im Leben dieser jungen Leute doch gerade erst beweisen müssen, ob Gottes Licht stärker als manche reale Finsternis dieser Welt ist und bleibt.

P: Sie meinen … ?

L: Ja, ich meine genau dies, dass die Jugendlichen es gerade in den nächsten Jahren besonders nötig haben, dass das Licht Gottes sie mit der allerhöchsten Wattzahl überschüttet. Denken Sie doch zunächst einmal nur an die nun wirklich heutzutage wahrlich nicht einfache Berufsfindung. In diesen Übergangszeiten strahle ich manchmal fast pausenlos Tag und Nacht aus den Kirchenfenstern heraus *(malt bzw. knipst Licht an, s.o.)*, um es ihnen bei der Suche und ihren Entscheidungen leichter und heller zu machen. Und dabei rufe ich ihnen dann immer wieder den Psalmvers zu: „Der Herr ist mein Licht und mein Heil, wovor sollte ich mich fürchten?"

P: Aber, Herr Leuchtturmwärter, vielleicht bekommen die jungen Leute gar nichts von all Ihren gutgemeinten Bemühungen mit. Vielleicht werden die in ihrem Alter mit tausend anderen Dingen beschäftigt sein, nur nicht mit dem guten Licht Gottes und all ihren scheinbar so wunderbar hilfreichen Bibelsprüchen.

L: Ja, liegt das denn an mir? Wer ist denn hier der Pfarrer/die Pfarrerin? Sie oder ich? Wer hat denn hier in der Gemeinde Räume und Ideen, Freizeiten und eine JugendleiterIn? Könnten Sie nicht ab und an wenigstens einen meiner Lichtstrahlen auffangen und in die Herzen der KonfirmandInnen weiterlenken? Vielleicht geschmückt, verziert und unterstrichen mit dem Vers: „Sende dein Licht und deine Wahrheit, dass sie mich leiten und bringen zu deiner heiligen Wohnung." Ist das wirklich so schwer? Das wäre doch mal was Neues!

P: Ja, manchmal ist das wirklich schwer. Und so neu ist das alles auch wieder nicht. Da arbeite und predige ich, mühe mich mit meinen Möglichkeiten ab, und bekomme dann doch immer stärker nach der Feier das Gefühl, dass sich tatsächlich nur noch eine handvoll Leute vom Licht Gottes bescheinen lassen wollen.

L: Ich weiß, ich weiß. Aber vielleicht liegt's ja manchmal auch an Ihnen. Wenn ich da so an die eine oder andere umständliche Predigt denke … Aber mal Spaß beiseite. Sie sind doch längst nicht bei ihren Bemühungen, Gottes Licht bei der Entwicklung junger Menschen aufscheinen zu lassen, völlig allein. Es gibt Eltern und PatInnen, Großeltern und LehrerInnen, Jugendgruppen, kirchliche Angebote, Beratungsstellen – die leuchten nach Außen hin oft mehr, als Sie meinen. Sie helfen eben den Jugendlichen auch, zu sich und einem lieben Menschen zu finden. Und wenn sie dann einmal bei der Suche nach einer erfüllten Beziehung auch fündig werden, dann entzünde ich erneut meinen Leuchtturm *(malt oder knipst an, s.o.)* und bei ihrer Trauung werden dann VertreterInnen von mir auf Erden, also Sie oder einer Ihrer KollegInnen Ihnen den Spruch zusagen: „Wer einander liebt, der bleibt im Licht, und durch ihn kommt niemand zu Fall."

P: Und doch, Herr Leuchtturmwärter, muss ich noch einmal unterbrechen. All das, was Sie bisher so volltönend vorgetragen haben, wissen Sie, das sind doch tatsächlich immer nur Sprüche für die bunten, fröhlichen, schönen Seiten des Lebens. Aber was passiert eigentlich mit diesen jetzt noch jungen Menschen, wenn sie einmal älter werden? Wenn sie Krankheiten zu bewältigen haben?. Wenn sie Trennungen bewältigen müssen, Umzüge, Abschiede sie herausfordern werden, beruflich scheitern und sich woanders völlig neu orientieren müssen?

L: Lieber Herr Pfarrer/liebe Frau Pfarrerin, ob Sie es nun glauben oder nicht, dann lasse ich dort oben in der Kirche mein Licht mit allen Lampen gleichzeitig aufstrahlen. *(Malt oder knipst an, s.o.)* Verständlich, oder nicht? *Wenn* Gottes Leuchten besonders angesagt ist, *dann* doch wohl in all den Lebenssituationen, in denen dunkle Gedanken und finstere Menschen und bedrückende Umstände nach dem Lebenslicht der KonfirmandInnen greifen wollen. Erst dann wird sich richtig zeigen und beweisen, wer stärker ist: Das Böse oder Gottes Güte. Deshalb habe ich für die unterschiedlichsten Herausforderungen ein ganzes Bündeln an Lichtsprüchen gesammelt. *Einer* allein wäre dabei wahrscheinlich wirklich überfordert. *(Bei jedem Spruch neu anmalen bzw. anknipsen, s.o.)* Also, wenn sie z.B. in schwierigen Entscheidungssituationen sein werden, dann flüstere ich ihnen Kraft spendend zu: „Gottes Wort ist deines Fußes Leuchte und ein Licht auf deinem Weg." Wenn sie Kummer in der Nacht haben und krank sein werden, werde ich an ihrem Bett den Vers aufsagen: „Bei Gott ist selbst die Finsternis nicht finster, seine Nacht kann wie der Tag leuchten. Finsternis verwandelt sich dadurch zum Licht." Und schließlich, wenn es einmal in unterschiedlichen Lebenslagen Abschied zu nehmen gilt, dann stehe ich ganz nah bei den Menschen, halte ihre Hände und spreche zu ihnen: „Das Volk, das im Finstern wandelt, sieht ein großes Licht, und über denen, die da wohnen im finstern Lande scheint es hell." Und, glauben Sie's mir, sie werden mich hören, sich ein Herz fassen und mein Licht sehen und darin aufgehen.

P: Ich glaube, Sie wissen gar nicht, was für eine Sorge Sie *mir* aus dem Herzen genommen haben. Ich alleine wäre wohl bei der weiteren Lichtbegleitung meiner KonfirmandInnen ziemlich überfordert gewesen. Aber mit Ihrer Leuchthilfe werden Strahlen und Worte mit ihnen gehen, die – immer, überall – ihr ganzes Leben in Gottes Licht tauchen werden. Und Sie bleiben auch ganz bestimmt auch in dieser Kirche?

L: Selbstverständlich, in dieser – und allen anderen natürlich auch. Und jenseits der Mauern, über die Kirchendächer hinweg, bewegt sich mein Lichtkegel über das ganze Land, in alle Welt hinein, in die Weite des Kosmos. Und am Ende werde ich den Menschen zurufen: *(Malt oder knipst an, s.o.)* „Einmal wird es keine Nacht mehr geben. Und einmal wird man das Licht der Sonne nicht mehr brauchen. Denn Gott, der Herr allein, wird ihr Licht sein und sie alle erleuchten."

P: Was für ein leuchtendes Zukunftsbild. Gleich, bei der Einsegnung, werde deshalb auch ich meinen KonfirmandInnen Leuchtsprüche zum Leben mitgeben und eine kleine Lampe verschenken, die Euch immer an den wahren, den himmlischen Leuchtturm erinnern soll. Bleibt wohlbehütet, umstrahlt von seiner Güte und tragt sein Licht jetzt in die weite Welt!

Amen.

9 | „Gespräch mit der Bibel"

I. ANMERKUNG:

Für die Dialogpredigt wurde für die Person, die die Bibel präsentiert, aus einem Karton das Deckblatt der Lutherbibel gebastelt, das diese dann als „wandelnde, lebendige Bibel" anhatte. Der Gesprächspartner/die Gesprächspartnerin hatte sich auch eine Perücke in Stile Bachs angezogen. Als Geschenk erhielten die KonfirmandInnen die Bibel auf einer kleinen CD an einem Band umgehängt, die beim Stuttgarter Bibelwerk erhältlich ist.

II. BEGRÜSSUNG:

Liebe Konfirmandinnen und liebe Konfirmanden, liebe Eltern und Großeltern und PatInnen, VerwandtInnen und Gäste, liebe Gemeinde!

Ganz herzlich möchte ich Euch und Sie alle zu diesem besonderen Tag, die Konfirmation junger Menschen, in unserer Kirche willkommen heißen. Ich weiß aus eigener Erfahrung, was alles an Aufregung und Vorbereitungen hinter Ihnen liegt: Einladungen und Planungen des Tages, Kleidereinkäufe und Essensorganisation, Gestaltung der Wohnung und vielleicht auch ein kleines Festprogramm. Aber hier dürfen Sie jetzt nach all diesem zur Ruhe kommen. Es ist ein Ort da, an dem wir zusammen auf das Wichtigste für diesen Tag hören dürfen, nämlich was Gott und sein gutes Wort für das Leben von Menschen bedeutet, die auf dem Weg zum Erwachsenwerden sind. So hoffe ich, dass nicht nur heute die Heilige Schrift zu uns sprechen wird, sondern auch später noch für die unterschiedlichsten Lebenssituationen der KonfirmandInnen hilfreiche Lebensworte bereit halten wird.

Wir feiern nun diesen Gottesdienst miteinander im Namen Gottes, des Vaters, der uns alle so mag, wie er uns geschaffen hat; im Namen seines Sohnes Jesus Christus, der als Heiland dieser Welt immer an unserer Seite geht; und im Namen des Heiligen Geistes, der uns Gedanken der Hoffnung und des Friedens auch in diesen Zeiten schenkt.

III. PSALM: 1 (in moderner Übertragung), siehe unter *2. III.*

IV. LIEDER:

Lobe den Herren, den mächtigen König der Ehren (EG 317, 1–4); Gott gab uns Atem (EG 432,1–3); Wir haben Gottes Spuren festgestellt (Lieder zwischen Himmel und Erde, tvd-Verlag, 239,1–3); Vertraut den neuen Wegen (EG 395,1–3); Herr, deine Liebe ist wie Gras und Ufer (tvd, 224,1–4); Nun danket alle Gott (EG 321,1–3)

V. LESUNG:

1. Korinther 13,1–7+13

VI. FÜRBITTENGEBET:

Guter Gott! Wir bitten Dich heute für die jungen Menschen, die ihren Lebensweg unter deinem Segen weitergehen dürfen. Lass sie die Kostbarkeiten der Heiligen Schrift immer wieder neu entdecken und dadurch mit einer Fülle guter Worte bereichert werden. Sie gibt ihnen Ideen, wie Verständnis und Versöhnung, Wille zum Ausgleich und Kraft zum Frieden durch das Vorbild Deines Sohnes Jesus Christus wachsen können, der gerade Friedensstifter Kinder Gottes nennt. Lass sie Verse finden, die ihren eigenen Alltag verständnisvoll anderen gegenüber gestalten helfen. Lass die Neukonfirmierten erfahren, dass ihr Leben nicht auf eigener Anstrengung gründet, sondern zunächst einmal ein kostenloses Geschenk Deiner Güte ist. Mögen sie sich erfreuen an diesem Gefühl des Angenommen- und von Dir Getragenwerdens und so dann auch befähigt werden, ihre Gaben zu entfalten und andere in ihrer Art zu bejahen. Herr, diese jungen Menschen sind allesamt auf der Suche nach verlässlichen Beziehungen und guten Partnerschaften. Lass sie Vertrauen entwickeln zu Personen, die es gut mit ihnen meinen, damit sie selber alles, was an liebevollen Gefühlen in ihnen steckt, zum Ausdruck bringen können. So lass immer wieder Worte des Trostes, der Gewissheit und der Zuneigung zu den Jugendlichen aus dem Heiligen Buch zu ihnen sprechen, damit sie dadurch gestärkt und geleitet ein Licht haben auf dem Weg durch diese Welt.

VII. SEGEN:

Möge dein Weg dir freundlich entgegenkommen, / möge der Wind dir den Rücken stärken. / Möge die Sonne dein Gesicht erhellen, / und der Regen um dich her die Felder tränken. / Und bis wir beide, du und ich, uns wiedersehen, / möge Gott dich schützend in seiner Hand halten.

VIII. PREDIGT:

Pfarrer (P): Meine lieben KonfirmandInnen!

Manchmal habe ich am Konfirmationstag ein ganz komisches Gefühl. Und das kommt daher: Meist wird ja zu Eurem Fest ganz viel aus der Bibel vorgelesen. Das geht schon jetzt, in diesem Gottesdienst los, wenn ein Psalm gebetet und eine Lesung vorgetragen werden. Und gleich im Anschluss bekommt sogar jeder und jede von Euch einen persönlich ausgesuchten Bibelvers zugesprochen. Der soll Euch dann sogar ein Leben lang begleiten. Und ich könnte mir gut vorstellen, dass nachher, bei der einen oder anderen Rede, auch wieder ein frommer Spruch aus der Bibel für Euch zitiert wird. Und, wer weiß, vielleicht gibt es ja auch bei Euch zu Hause noch den alten Brauch aus meiner Jugend, dass man von PatInnen oder Großeltern eine ganz besonders kostbare Bibel geschenkt bekommt. Die riecht dann nach echtem Leder und hat an den Seiten kostbaren Goldschnitt. Und die Menschen denken dann, dass Ihr jeden Tag darin lesen werdet. – Und seht Ihr, genau da kommt es zu meinem komischen Gefühl. Ich – ja, wie soll ich Euch das jetzt erklären? – weiß überhaupt nicht, ob Ihr in Euerm späteren Leben überhaupt noch etwas mit diesem Buch anfangen könnt. Klar, einige Geschichten daraus haben wir im Laufe des Unterrichts etwas besser kennen gelernt. Aber ich könnte mir gut vorstellen, dass auch diese bald vergessen sein werden. Es wird zwar immer wieder mal ein „Jahr der Bibel" ausgerufen, aber es sollte mich nicht wundern, wenn dieses Buch schon nächste Wochen zwischen ein paar alten Jugendbüchern still im Regal vor sich hin verstaubt. Ich weiß, Ihr habt ja tatsächlich so viel anderes zu tun: In der Schule ziehen die Anforderungen in den nächsten Jahren ganz schön an. Und dann wollt Ihr schließlich auch noch Zeit für andere abwechslungsreiche Unternehmen haben. Und jetzt versteht Ihr vielleicht mein heutiges Unwohlsein, wenn ich mir vorstelle, dass Ihr Euch – wenn die Konfirmation vorbei sein wird – gar nicht mehr mit der Bibel befassen werdet, weil Ihr mit so vielen anderen Dingen und Büchern und Lebensfragen beschäftigt seid. Vielleicht empfindet Ihr die alte Bibel bei der Bewältigung aller möglicher Herausforderungen sogar als ein Hindernis auf dem Lebensweg. Dann sucht Ihr woanders Hilfe, Unterstützung und Begleitung – nur nicht mehr hier, in diesem Buch.

Bibel (B): So, ich stehe im Weg? Im Lebensweg? Das ist ja eine ganz besonders interessante These, lieber Herr Pfarrer/liebe Frau Pfarrerin. Und so etwas ausgerechnet aus Ihrem berufenen TheologInnenmund!

P: Moment einmal, ich lasse mich doch nicht einfach von einer x-beliebigen Person in meiner Konfirmationspredigt unterbrechen. Dürfte ich bitte wissen, was Sie hier zu suchen haben, wer Sie sind und warum Sie völlig ungefragt diesen Gottesdienst stören?

B: Wer ich bin? Ja, um alles in der Welt – oder besser noch im Himmel –, sieht man das denn nicht? Ich bin diejenige, die Sie gerade so ein bisschen madig zu machen versuchten. Ich, ich bin die Bibel dieser Gemeinde.

P: Ach so, na, das erklärt natürlich einiges. Vor allem auch, warum Sie so angestaubt daher kommen. Wie alt sind Sie eigentlich?

B: Mich hat es schon gegeben, da waren Sie noch gar nicht auf der Welt. Und so werden ich auch dann noch da sein, wenn Sie hier längst keine Konfirmationen mehr abhalten werden.

P: Eben das, meine liebe Bibel, wage ich denn doch etwas anzuzweifeln. Glauben Sie denn wirklich allen Ernstes, die Jugendlichen, die heute konfirmiert werden, wollen in Zukunft noch irgendetwas mit so einer angegilbten Person zu tun haben? Die haben doch alle keine Zeit. Und die haben noch weniger Interesse an all diesen uralten Geschichten. Das jedenfalls ist meine – wenn Sie so wollen – etwas melancholische Erfahrung, nach 1.000 Jugendlichen, die ich inzwischen konfirmiert habe.

B: Was sind Sie aber auch für ein fantasieloser Zeitgenosse/eine fantasielose Zeitgenossin. Von einem Pfarrer/einer Pfarrerin hätte ich schon etwas anderes erwartet.

P: Und was, bitte schön?

B: Na, zum Beispiel, dass er ein paar Gegenstände aus dem wunderbaren Buch herauszaubert, um den KonfirmandInnen zu zeigen, wie wichtig, wie aktuell, hilfreich und belebend die Bibel auch in Zukunft ganz sicherlich noch sein wird.

P: Das kann ich nicht. Dazu fällt mir wirklich überhaupt nichts ein. Da gibt's doch im Grund gar nichts drin, was Jugendliche überhaupt wirklich interessiert.

B: *(zieht ein weißes Tuch hervor)* So, gar nichts? Und was ist das?

P: Was soll das schon sein, irgendein Stück von einem alten Laken.

B: So kann man es natürlich auch sehen. Für mich ist es, ja, so etwas wie eine Friedensfahne. Und ich will Ihnen jetzt auch erzählen, warum. Auf vielen Seiten und in unzähligen Geschichten gebe ich den Jugendlichen den Rat: Schlagt nicht mit Gewalt zurück, wenn ein Problem unter Euch auftaucht.

P: Aber das entspricht doch überhaupt nicht der Wirklichkeit, in der die KonfirmandInnen weiter aufwachsen werden. Da überlebt doch nur der/die, der/die sich mit aller Macht zu wehren versteht. Schauen Sie sich doch selber die Weltlage mal an!

B: Sind Sie sich da so sicher? Ich habe da einen ganz anderen Eindruck. Diese wunderbare Welt mit all ihren großartigen Geschöpfen wird sich selber zu Grunde richten, wenn nicht Menschen auf allen Seiten diese weiße Friedensfahne in die Hand nehmen. Und sich dann daran erinnern lassen, dass Böses letztlich nur durch Liebe, Güte und Geduld besiegt werden wird. Und Menschen, die zu diesem Frieden beitragen, werden von mir ausdrücklich zu Gotteskindern genannt. Und das soll für Ihre KonfirmandInnen uninteressant sein?

P: Ach ja, nun gut, was all diese großen Weltfragen betrifft, da mag ja wirklich manch Kluges in Ihnen drin stecken. Aber der Weltfrieden macht doch nicht den Alltag meiner KonfirmandInnen aus. Die sind doch im Moment viel mehr damit beschäftigt, wie sie selber Anerkennung kriegen und Selbstbewusstsein entwickeln.

B: Da ist mit Sicherheit etwas dran. Aber schauen Sie doch mal, was noch so alles in mir drin steckt *(holt eine große Geldbörse hervor)*!

P: Ach du lieber Himmel, jetzt kommt wahrscheinlich dieses abgestandene Thema, dass man nur ja nicht zu gierig sein darf und immer schön den Armen etwas abgeben soll. Damit werden Sie bei den Jugendlichen kaum landen können, auch wenn manche von ihnen heute reich beschenkt werden. Die müssen doch erst einmal ihre eigene Zukunft sichern.

B: Falsch, lieber Herr Pfarrer/liebe Frau Pfarrerin, ganz falsch, da liegen Sie mal wieder völlig daneben. Sehen Sie her *(dreht den Geldbeutel um)*, was sehen Sie?

P: Nichts!

B: Eben! In unseren Geldbeuteln ist nichts drin. Als Bibel sage ich dazu: Von uns aus haben wir Gott gar nichts anzubieten. Wir können unsere Zukunft, wie Sie es eben ausgedrückt haben, gar nicht selber sichern. Wir stehen mit leeren Händen vor Gott. So, wie wir nun einmal gestrickt sind, sind wir ganz darauf angewiesen, dass ER unser Leben und die Geldbörse füllt. Vor allem mit Lebensfreude und Mut. Das tut er im Übrigen schon jeden Tag. Auch mit Ihren Jugendlichen. Ich nenne das: Gnade.

P: Ja, ja. Sie mögen ja in allem recht haben, was Sie da so klug von sich geben. Irgendwie erinnern Sie mich an mein altes Studium, wo ich lernen durfte: Gott nimmt umsonst und ohne irgendeine Gegenleistung seine Menschenkinder an; und hilft ihnen gerade so auf die Beine. Aber, liebe Bibel, jetzt einmal ehrlich, glauben Sie wirklich, dass diese „Message" – wie Jugendliche sagen –, meine KonfirmandInnen auch in Zukunft motivieren wird, in Sie noch einmal hineinzuschauen?

B: Aber, Herr Pfarrer/Frau Pfarrerin, auch wenn Sie es vielleicht noch nicht gemerkt haben sollten, wir reden hier von etwas sehr Lebendigem: Wir reden von der Liebe.

P: Von der Gottesliebe oder von dem Verliebtsein unter meinen Jugendlichen?

B: Wie kann man beides so nur auseinanderreißen? Von beiden natürlich! Sehen Sie, was ich hier aus mir herausziehe? *(Holt eine Rose aus dem Karton.)* Verstehen Sie das wirklich nicht? Menschen, die sich von Gott angenommen und geschätzt fühlen, erst die könne sich so richtig auch in einen anderen Menschen verlieben. Und dann ganz für ihn da sein. Oder sollten Sie vergessen haben, dass es in mir viele Stellen gibt, in denen es um Zärtlichkeit, Liebe und Rücksichtsnahme zwischen zwei jungen Menschen geht?

P: Ja, das sehe natürlich auch ich jetzt ein. Wenn es um Entspannung, Küsse und Zärtlichkeit geht, da sind meine Jugendlichen gerne dabei. Aber diese schönen Gefühle machen doch längst nicht ihren ganzen Alltag aus. Dabei geht es doch oft um ganz andere Dinge. Wie man beim Heranwachsen mit manchen Ängsten fertig wird, zum Beispiel. Oder wie man wieder Kraft bekommt, wenn man sich manchmal ausgelaugt und mutlos fühlt. Oder auch, wie man neue Hoffnung bekommt, wenn man im Leben, auch im Blick auf die eigene Zukunft nicht mehr so recht weiterweiß. In *solchen* Momenten, da brauchen die KonfirmandInnen wirklich Hilfe – und nicht nur in Ausnahmesituationen.

B: Diesmal gebe ich Ihnen vollkommen recht. Sehen Sie, was ich hier noch habe? *(Holt bunte Zettel mit ganz vielen Bibelversen hervor.)*

P: Was sind das denn für Zettel?

B: Viele Zettel. Zettel mit den schönsten Bibelversen der Welt. Für alle Lebenslagen *(nimmt einen heraus)*. Hier zum Beispiel, einer meiner Lieblinge: „Gott spricht zu Dir: Fürchte Dich nicht. Ich habe Dich erlöst, ich habe Dich bei Deinem Namen gerufen, Du bist mein." *(Nimmt weitere heraus.)* Oder hier: „Gott spricht: Ich will Dich segnen, und Du sollst ein Segen sein." Oder wie finden Sie den: „Gott ist mein Licht und meine Stärke, vor wem sollte ich Angst haben?" Und das alles sollen Sätze sein, die Ihre Jugendlichen etwa nicht auch dann noch ansprechen und begleiten werden, selbst wenn sie einmal groß und erwachsen sind? Wissen Sie was: Ich verteile sie gleich, und jeder und jede von ihnen wird persönlich den Vers erhalten, der sie ihr Leben lang begleiten soll. Und, nicht wahr, sieht man da nicht mal wieder, wie aktuell und lebendig ich bin? Meinen Sie nicht, lieber Herr Pfarrer/liebe Frau Pfarrerin, wir sollten uns mal öfter treffen und uns austauschen über meine Attraktivität? Schauen Sie doch einfach mal wieder bei mir rein!

P: Liebe Bibel! Sie haben ja völlig recht. Mit all diesen erfrischenden Worten werden Sie wirklich nicht in der Versenkung verschwinden. Gut möglich, dass auch meine Konfirmand-Innen immer wieder in Sie hineinsehen, wenn sie sich z.B. um den Frieden in der Welt kümmern. *(Nimmt die einzelnen Gegenstände der Bibel zur Hand/Fahne.)* Oder wenn sie nachempfinden wollen, wie liebevoll er sie geschaffen hat *(dto./Geldbeutel)*. Oder wenn sie ausprobieren möchten, wie sie diese Liebe an andere Menschen verschenken und auch wirklich im Alltag leben können *(dto./Rose)*. Oder wenn sie schließlich ihren Konfirmationsspruch *(dto./Verse)* immer wieder zur Hand nehmen und in diesem einen Satz ihr ganzes Leben unter Gottes Segen zusammengefasst empfinden.

Amen.

10 | „Ein Duft fürs ganze Leben"

I. ANMERKUNG:

Passend zum Thema war in der Kirche eine Duftkerze angezündet. Die KonfirmandInnen bekamen ein Set mit nach Obst duftenden (Zitrone, Heidelbeere, Apfel, Erdbeere) Briefmarken mit vier unterschiedlichen Werten. Inzwischen gibt es auch Briefmarken mit Rosenmotiv, die ebenfalls duften.

II. BEGRÜSSUNG:

Liebe Konfirmandinnen und liebe Konfirmanden, liebe Eltern und Großeltern und PatInnen, VerwandtInnen und Gäste, liebe Gemeinde!

Ganz herzlich möchte ich Euch und natürlich Sie alle zu unserem Konfirmationsgottesdienst hier in der Kirche willkommen heißen. Eine Fülle von Planungen und Vorbereitungen liegen jetzt hinter Ihnen, damit dieser Tag wirklich schön wird und gelingen kann. Aber – wie so oft im Leben – können wir das Wichtigste dazu nicht selber machen: Dass Gott, der Vater nun diese jungen Menschen annimmt und begleitet; sein Sohn Jesus Christus ihnen den Weg zum Leben vorangeht; und schließlich der Heilige Geist ihnen dabei immer wieder frohe Gedanken schenkt: Um all dies können wir jetzt nur herzlich bitten. So möge Gott nun selber wie ein guter Lebensduft um uns sein, den man zwar nicht sehen, wohl aber heute und dann auch das ganze kommende Leben dankbar in sich aufnehmen kann. Ich wünsche uns allen, dass in seinem Namen, dem Namen des Vaters und des Sohnes und des Heiligen Geistes dieser Konfirmationsgottesdienst gesegnet sein möge.

III. PSALM: 1

IV. LIEDER:

Lobe den Herren, den mächtigen König der Ehren (317,1–4); Geh den Weg nicht allein (Lieder zwischen Himmel und Erde, tvd-Verlag, 3216,1–6); Wir haben Gottes Spuren festgestellt (tvd, 230,1–3); Gott gab uns Atem, damit wir leben (EG 432,1–3); Möge die Straße uns zusammenführen (tvd, 89,1+2+4); Herr, deine Liebe ist wie Gras und Ufer (tvd, 224,1–4); Nun danket alle Gott (321,1–3)

V. LESUNG:

Aus Sirach 24:

Die Weisheit lobt sich selbst inmitten Israels, ihres Volkes. In der Gemeinde Gottes singt sie ihr Lied: Aus dem Mund des Höchsten ging ich hervor, und wie ein Nebel bedeckte ich die Erde. Im hohen Himmel war meine Wohnung, auf einer Wolkensäule stand mein Thron. Allein umschritt ich den Kreis des Himmels und ging umher in den Tiefen des Abgrunds. Ich herrschte über das wogende Meer, über alle Länder und alle Völker und suchte überall nach einem Ruheort. Wo war das Land, in dem ich bleiben konnte? Da gab der Schöpfer aller Welt mir Weisung: In Israel nimm deinen festen Wohnsitz. In Jerusalem ließ er mich ein Zuhause finden. Wie die Libanonzeder wuchs ich empor, wie eine Zypresse hoch auf dem Berge Hermon. Ich wuchs wie die Palmen in der Oase En-Gedi, wie Oleanderbüsche in Jericho, wie ein prächtiger Ölbaum im ebenen Land. Der lieblichste Duft ging von mir aus, wie Duft von Zimt, Gewürzrohr und Myrrhe, von den Weihrauchwolken im heiligen Zelt. Kommt alle her, die ihr mich haben wollt! Kommt, esst euch satt an meinen Früchten! Wenn einer sich an mich erinnert, denkt er an etwas Süßeres als Honig. Esst mich, dann habt ihr Hunger nach mehr; trinkt mich, dann habt ihr Durst nach mehr. Gehorcht mir, dann werdet ihr nicht enttäuscht. Tut, was ich sage, und bleibt frei von Schuld!

VI. FÜRBITTENGEBET:

Nach Franz von Assisi (z.B. EG, Ausgabe für Rheinland, Westfalen und Lippe, 875)

VII. SEGEN:

Den tiefen Frieden im Rauschen der Wellen wünsche ich dir. /
Den tiefen Frieden im schmeichelnden Wind wünsche ich
dir. / Den tiefen Frieden über dem stillen Land wünsche ich
dir. / Den tiefen Frieden unter den leuchtenden Sternen
wünsche ich dir. / Den tiefen Frieden vom Sohne des Friedens wünsche ich dir. (Aus Irland)

VIII. PREDIGT:

Lieber Konfirmandinnen und liebe Konfirmanden, liebe Eltern,
Großeltern und PatInnen, liebe Gemeinde!

Ich möchte Euch und Sie jetzt bitten, in aller Ruhe einmal die
Augen zu schließen. Die letzte Zeit mit all ihren Vorbereitungen
bis zum heutigen Konfirmationstag war anstrengend genug – auch
aufgeregte Worte, Auspuffgase oder innere Angespanntheit tragen
dazu bei. Also bitte: Machen Sie jetzt einfach die Augen zu und
entspannen Sie sich. Wohl wahr, Sie sehen jetzt nichts mehr. Nicht
mehr unsere geschmückte kleine Kirche, die festlich angezogenen
KonfirmandInnen, die von nah und fern angereisten, schick ge-
kleideten VerwandtInnen. Und den PfarrerInnen sieht man jetzt
auch nicht mehr, selbst wenn er noch spricht. – Aber trotz Ihrer
und Eurer geschlossenen Augen: Da gibt es noch ein anderes Sin-
nesorgan, durch das man sehr wohl immer noch etwas wahr-
nimmt, von all dem, was sich da um einen herum alles abspielt.
Nein, bitte noch nicht nach Beweisen Ausschau halten. So viel
Ruhe muss schon sein. Natürlich: Ihre Ohren nehmen trotz der
geschlossene Augen immer noch Geräusche wahr, wahrscheinlich
jetzt noch besser als vorhin: Fernes Autobrummen, Kichern in der
hinteren Reihe, nahes Vogelzwitschern. Aber darauf wollte ich
eigentlich gar nicht hinaus. Ich möchte stattdessen – bitte, halten
Sie Ihre Augen noch einen Moment geschlossen – Ihnen Ihren Ge-
ruchssinn bewusst werden lassen. Aufgeschnappt von Nase, Haut
und dem Gesichtsnerv Trigeminus. Circa 10.000 Arten von Ge-
ruchsreizen. Bei jedem Menschen. Und natürlich auch heute bei
Ihnen und Euch. Gerüche – sie öffnen mehr als alle anderen Sinne
den Zugang in unsere Gefühlswelt hinein. Ein Mensch kann wohl
weg-sehen, weg-riechen, nein, das kann er nicht. Obwohl man sich
im Laufe der Zeit an manche Gerüche schnell gewöhnen kann.

Also, was riechen Sie da jetzt? Wen erschnuppert Ihr eben? Ist es vielleicht das Lieblingsparfum von Tante Ida aus Osnabrück, „Acqua di Parma", das den Duft der Toscana verspricht zu versprühen – und es tatsächlich auch tut? Sind es Blumen, die ganz selbstbewusst ihren ganz eigenen Charme in der kleinen Kirche verströmen, wobei – nebenbei bemerkt – Maiglöckchen und Veilchenduft vor allem in Verliebtheitsmomenten ihren größten Charme verbreiten. Oder, wenn Sie einmal genau hinriechen, dringt der zarte Hauch einer Duftkerze zu Ihnen und hüllt Sie dabei so ein, dass Sie diese Stunde in allerbester Erinnerung behalten werden? Kerzenrauch, verschwitzte Hände, modriger Papiergeruch sind vielleicht in der Kirche auch noch als Zugabe mit einem Quäntchen dabei. – So, vielen Dank, jetzt dürfen Sie endlich Ihre Augen wieder öffnen. Schauen Sie sich um und lassen Sie sich bestätigen, dass Ihre Nasen völlig richtig lagen. So wie die heutigen Düfte in der Zukunft – wenn sie wieder einmal auftauchen – Sie und Euch alle an den Konfirmationstag erinnern werden, so prägen die Gerüche der Vergangenheit unsere Empfindungen bis zu dieser Stunde. Die Älteren unter Ihnen werden ihn noch kennen, diesen unnachahmlichen Geruch von Bohnerwachs auf den Böden der alten Schulflure. Irgendwo steigt einem heute dieser Duft wieder in die Nase – und Sie haben urplötzlich Ihren Mathelehrer wieder vor Augen, mit den Klassenarbeiten in der Hand den Gang zur Klasse durchquerend. Oder alle, die sich schon einmal richtig verliebt haben, bei denen wecken eben auch ganz bestimmte Gerüche die zauberhaftesten Momente wieder wach: Der Hauch eines griechischen Sommerabends voller Jasminblüten, ein zartes Hautöl – dessen kostbarer Duft übrigens schon zu Jesu Zeiten ein ganzes Haus erfüllte –, der Geruch von Zwiebeln, Speck und Knoblauch in Olivenöl angebraten – und schon sieht man alles wieder vor sich: Den wunderbaren Menschen, die Liebe, das ganze große Lebensglück. Darüber hinaus erkennt man einen Menschen auch an seinem persönlichen, einmaligen Eigengeruch. Im Roman „Das Parfum" ist dieses Phänomen auf eine unheimliche Art beschrieben. Natürlich sind uns dabei die Tiere mit ihrem grandiosen Spürsinn meilenweit voraus. Aber auch wir sagen zu Menschen, die wir gern haben: ich kann Dich gut riechen. Kaiser Napoleon z.B. war in seine Josephine so vernarrt, dass er sie eindringlich bat, sie möge sich doch vor seiner Rückkehr aus dem Feld nur ja nicht waschen.

Auf meinem Weg zum KonfirmandInnenunterricht vor 45 Jahren kam ich an der noch heute existierenden Kessenicher Haribo-Fabrik vorbei. Ich bin eigentlich immer recht gerne in die Kirche gegangen, und so weckt noch heute ein ganz bestimmter Lakritzgeruch Erinnerungen in mir wach, an eine Zeit, in der ich mir als Jugendlicher/Jugendliche den Gemeindealltag erschnupperte. Und weil nun die Nase mit all ihren Eindrücken und Erinnerungsbildern so eine große Rolle im Leben eines Menschen spielt, beschäftigt sich auch der Apostel Paulus mit der Bedeutung des Geruchs – verständlicherweise im Zusammenhang mit dem christlichen Glauben. Über eine kurze Stelle aus dem 2. Korintherbrief, die auch im Liturgieblatt abgedruckt ist, möchte ich nun zusammen mit Euch, liebe Konfirmanden und Euren Familien nachdenken zum Stichwort: „Ein Duft fürs ganze Leben."

„Gott lässt seinen Wohlgeruch durch uns an allen Orten bekannt werden. Auch wir selber sind für Gott ein Wohlgeruch Christi – unter denen, die gerettet werden; aber denen, die verloren werden, sind wir ein fast tödlicher Duft. Ein Duft zum Leben werden wir aber für all diejenigen, die sich retten lassen. Wer ist wohl solch einer Aufgabe gewachsen?" (nach 2. Kor 2,15f)

Nicht wahr, liebe KonfirmandInnen, das ist wahrscheinlich zunächst eine ziemliche Überraschung für Euch, dass Gottes lieblicher Wohlgeruch uns nichts als Freude vermitteln will; schlicht gesagt: Dass Gott selber gut für uns riechen möchte. Gottes belebende Ausstrahlung, seine Liebe zu Euch, seine Nähe zur ganzen Welt, sie drückt sich u.a. eben auch in ganz konkreten Duftnoten aus. Wenn Ihr z.B. im Sommer duftendes Heu zu riechen bekommt – vorausgesetzt natürlich, Ihr habt keinen Heuschnupfen! –, dann werdet Ihr gerade durch die Düfte hindurch erkennen, wie fürsorglich, vorausschauend, farbig und voller Wunder Gott, der Schöpfer, seine Erde für Euch gestaltet hat. Und wenn es dann irgendwann einmal wieder Weihnachten wird, Gewürznelken und Tannennadeln ihren Duft verströmen, dann werdet Ihr auf diese unnachahmliche Art erfahren, wie hautnah Gott Euch in dem zarten Duft eines Kindes auf Krippenstroh begegnet. Und schließlich, wenn Ihr wieder einmal irgendwo auf der Welt einen Kirchenraum betretet, dann werdet Ihr durch den Geruch von Kerzen, Weihrauch und der Patina kostbarer Bücher und Säulen in eine Welt geführt, wie unendlich weit und liebevoll der wehende Gottesgeist Eure Seele erhebt, belebt, frei macht und aufbaut. Das alles hat etwas mit Gottes Wohlgeruch zu tun – so will der Dreieinige Gott für Euch riechen: Wie ein blühendes Sommerfeld; wie ein gewürztes Heißgetränk im Schnee; wie ein Rauch, der sich vor bunten Glasfenstern nach Oben hin verflüchtigt. Es wird Euch dann kaum verwundern, dass auch im Tempel der Heiligen Stadt Jerusalem – einem Ort, dessen Basare von hunderten Düften geprägt sind – der Geruch von Myrrhe in einem glutvollen Kohlebecken, Zimt auf bunten Opferschalen und feinste Nardensalben in großstieligen Vasen für die Menschen am überzeugendsten die Schönheit, Nähe und Weisheit Gottes lobten.

Liebe KonfirmandInnen, eben dieses Erlebnis wünsche ich Euch auch für die kommenden Jahre: Nämlich, dass Ihr auch unsere Kirche, auch den christlichen Glauben als so einen „Wohlgeruch zum Leben" erfahren habt, und egal, wo Ihr später einmal leben werdet: Die Erinnerung an die KonfirmandInnenzeit mit ihren Kirchengerüchen voll von Kerzenrauch, Blumen und Gewürzen wird Euch dieses Zentrum des Glaubens, Düfte ausströmender Gottesliebe – wie ein Gemälde, ein Schauspiel, eine Musik – fast körperlich vermitteln. So wie kleine Kinder besser einschlafen können, wenn sie ein kleines Stück Stoff bei sich haben, das den Geruch ihrer Mutter trägt, so wünsche ich Euch, dass der vertrauensvolle Glaube an Gott so einen fröhlichen Trostgeruch für Euer tägliches Leben ausmacht. Er wird Euch an das viele Gute erinnern, das ihr schon duftig mit ihm gemacht habt. Und der göttliche Geruch dabei wird Euch weiter darin bestätigen, auch in Zukunft Gott als Euren Beschützer hautnah an Euch heran zu lassen.

Nun ist aber Paulus in seinem kurzen Text über das Riechen Gottes ehrlich genug, dass er auch die andere Möglichkeit erwähnt; nämlich, dass man Gott und diesen ganzen Verein hier, seine Kirche, gerade nicht mehr gut riechen kann. Die Gefahr gibt es ja: Gerade wir hier als Gemeinde Gottes riskieren oft genug, einen schlechten Geruch und Geschmack abzugeben. Es kann ja auch durchaus sein, dass einige unter Euch die Unterrichtszeit so erfahren haben: Eben wie einen Sack alter Kleider, der bei der letzten Bethel-Sammlung vergessen wurde; wie ungelüftete, schimmelige Gemeinderäume, in denen uralter Kirchenmief, moralisaure Vorurteile, schale Gottesdienste und muffige Gesichter sich breit gemacht haben. Das ist, sagt Paulus, ein geradezu tödlicher Gestank.

Denn der kann die Folge haben, dass Euch Jugendlichen alles, was mit Kirche zu tun hat, mächtig stinkt; und ihr dann von allem, was mit Glaube zu tun hat, die Nase gestrichen voll habt. Diesen ganzen Verein hier und den Pfarrer/die Pfarrerin mittendrin – Ihr könnt es alles nicht mehr riechen. Und manche werden daraus ihre Konsequenzen ziehen, aus der Kirche austreten und auf Nimmerwiedersehen verduften.

Was für ein Fehlschluss, was für ein Schnellschuss! Zugegeben, manchmal gibt unsere Kirche wirklich einen abgestandenen Geruch von sich und überdeckt wahrscheinlich eine Zeit lang den Wohlgeruch Gottes. Aber kein Mensch und die Kirche schon gar nicht kann auf Dauer Gott und seinen erfrischenden Lebensatem einfach so abstellen oder auf Dauer übertünchen. Un-riechbar ist Gott nie ganz für uns. Unter allen anderen möglichen Gerüchen taucht er nämlich ganz zuverlässig immer wieder auf und will Euer ganzes Leben so erfüllen, dass Ihr Euch von ihm wie auf einer Wolke getragen fühlt.

Paulus geht aber sogar noch weiter. Er traut Euch selber noch viel mehr zu. Ihr könnt nicht nur Gottes Liebe in Euren Alltag aufnehmen, einatmen und reinschnuppern. Jetzt, wenn Ihr zu erwachsenen ChristInnen werdet, könnt Ihr nun selber einen bezaubernden Duft entwickeln und ausströmen, der auf andere Menschen anziehend wirkt und sie in das Dufthaus Gottes einlädt. Und deshalb stellt unser Bibeltext auch an Euch zum Schluss die Frage: „Ja, wer von Euch ist denn jetzt solcher Aufgabe gewachsen?" So wie ich Euch kennen gelernt habe, könnte ich stellvertretend für Euch jetzt antworten: Doch, ich traue diesen KonfirmandInnen alles zu, auch, dass ein ganz besonderer Glaubensduft von ihnen ausgehen wird. Fangen wir ruhig mit dem Äußeren an: Es hat schon einen guten Grund, dass Ihr Euch für diesen Tag besonders schön gemacht, ausgiebig gewaschen, besprüht und beduftet hab. Die anderen GottesdienstbesucherInnen sollten Euch als eine angenehme Erscheinung in Erinnerung behalten, die einen Wohlgeruch des Glücks verbreiten. Stellt Euch darüber hinaus einfach weiter vor, dass Ihr während unserer gemeinsamen Zeit ganz viele positive, bunte, Kirchen- und Glaubensdüfte gesammelt habt. Und das sind nun Gerüche, die Ihr nun in Zukunft weiterverschenken könnt. Dass Ihr also z.B. beim Duft einer Blüte Euren FreundInnen erzählt, dass diese farbige Schönheit ganz allein durch Gottes Schöpfungsatem entstanden ist. Oder dass Ihr schwermütigen Menschen eine Kerze anzündet, damit sie im Rauch des Lichtes Jesu Trost verspüren können. Oder dass Ihr helft, in einem Salbungsgottesdienst innerlich verletzten Menschen Öl auf die Hände zu streichen, damit sie erleben, wie in der Kirche Gottes Geist alles Abgestandene durch seinen Lebensduft vertreibt.

Glaubt es mir: Die Menschen werden Euch wahrnehmen, ihre Nasen in Euren Glaubenswind stecken und schließlich zu Euch sagen: Euch kann man wirklich gut riechen. Das, was Ihr vertretet, stinkt uns nicht. Zeigt und erzählt uns mehr von den Lebensdüften Gottes, die Euch selber so wohlriechend gemacht haben. Darauf seid vorbereitet. Und deshalb: Niemand hindert Euch, Euch einen sicheren Vorrat an Duftnoten auch für schwierigere Zeiten anzulegen. Das erzählt jedenfalls auch ein altes Märchen: In einer mächtigen, halbverfallenen Burg lebte einmal ein uralter, guter Zauberer. Den ganzen Winter über war er außerhalb der Ruine nie zu sehen. Doch sobald der Frühling seine ersten Sonnestrahlen sehen ließ, streifte der alte Mann vom frühen Morgen bis zum späten Abend durch Wiese und Wald. Mit einem Zauberstab strich er über Blüten und Kräuter und – sammelte Düfte. Er verschloss sie in kleinen Holzdosen und sammelte sie auf seiner Burg. Das machte er den ganzen Sommer über bis in den Spätherbst mit seinen Blättern hinein. Wenn dann die Tage kürzer und kälter wurden, nahm er eine der kleinen Dosen, öffnete sie, steckte seine Nase hinein, schloss die Augen – wie wir es zu Beginn der Predigt auch gemacht haben – und stärkte sich an der Sonne, den bunten Farben und den Herbstblumen.

Solche kleinen göttlichen Erinnerungsdosen nehmt, Ihr, liebe KonfirmandInnen, jetzt auch aus unserer Unterrichtszeit und diesem Gottesdienst mit. Stellt sie zu Hause an einen sicheren Ort; dann stumpft Ihr in Eurer Glaubenssinnlichkeit nie ganz ab. Und stellt neue dazu – von all den Erlebnissen, in denen Euch der Wohlgeruch Gottes, der Duft Christi, das Wehen des Geistes umgeben wird. Es kann ja sein, dass einmal auch in Eurem Leben kältere Zeiten kommen und Ihr Euch gegen manchen Erdengestank wappnen müsst. Dann schließt wie heute Eure Augen, öffnet das Döschen, das die Gerüche dieses Gottesdienstes bewahrt hat und lasst Euch damit aufrichten, im Glauben stärken und trösten; weil Gott niemals aus Eurem Leben verduften will.

Als Erinnerung an diesen Tag wollen wir Euch deshalb vier Düfte mitgeben, die auf Briefmarken geprägt sind: Zitrone, Erdbeere, Heidelbeere und Apfel. Sie stehen für vier Jahreszeiten; vier Feste wie Weihnachten, Ostern, Pfingsten und Erntedank; vier Lebenszeiten wie Kindheit, Jugend, Erwachsensein und Alter; Nehmt diesen Kirchen-Stall-Geruch in Euch auf, reibt mit den Fingern über die Farben, verschenkt oder verschickt sie an andere, denen Ihr nach der Konfirmation erzählen wollt, wie gut die Schöpfung Gottes duftet. Und werdet damit selber zu einem Wohlgeruch Christi an allen Orten dieser wunderbar riechenden Welt.

Amen.

11 | „Der Schlüssel zum Leben"

I. ANMERKUNG:

Für diesen Konfirmationsgottesdienst ist es sehr hilfreich, einen großen Schlüssel einsetzen zu können, wie er manchmal bei einer Hausübergabe bzw. Einweihung benutzt wird. Ich selber hatte die Gelegenheit, mir einen circa ein Meter großen Schlüssel aus Lego-Steinen ausleihen zu können. Aber auch ein großer, golden angemalter Pappschlüssel tut seine Dienste. Den KonfirmandInnen haben wir nach der Einsegnung einen Schlüsselring geschenkt, auf dem die Symbole für Glaube, Hoffnung und Liebe (Kreuz, Anker und Herz) in Filz hängen. (Zu beziehen über: Gottesdienst-Institut der Ev.luth-Kirche in Bayern, Postfach 440445, 90209 Nürnberg)

II. BEGRÜSSUNG:

Liebe Konfirmandinnen und liebe Konfirmanden, liebe Eltern und Großeltern und PatInnen, VerwandtInnen und Gäste, liebe Gemeinde!

Ganz herzlich möchte ich Euch und natürlich Sie alle zu unserem Konfirmationsgottesdienst hier in unserer Kirche willkommen heißen. Viel an Vorbereitungen liegt nun hinter Ihnen allen. Aber was spielte wohl bei der letzten Handlung, die Sie vor diesem Gottesdienst taten, eine ganz besondere Rolle? *(P. zeigt einen großen Schlüssel)* Richtig: Sie haben ihre Haustür oder den Wagen abgeschlossen. Um sich anschließend dann hier ruhig und sicher zu fühlen. Aber vielleicht brauchen wir jetzt noch einen ganz anderen Schlüssel, einen Schlüssel nämlich, der unser Herz aufschließen möge für all das, was Gott uns da hineinlegen will. Und so feiern wir auch diesen Gottesdienst im Namen Gottes, des Vaters, der die Schönheit der ganzen Welt uns eröffnet; im Namen seines Sohnes,

Jesus Christus, dessen Ohr immer für unsere Bitten offen steht und im Namen des Heiligen Geistes, der unseren Glauben jetzt weiten und stärken möge.

III. PSALM: 24,1–6

IV. LIEDER:

Lobe den Herrn, den mächtigen König der Ehren (EG 317, 1–5); Menschenkinder auf Gottes Erde (Lieder zwischen Himmel und Erde, tvd-Verlag, 3561–3); Wir haben Gottes Spuren festgestellt (tvd, 230,1–3); Gott gab uns Atem, damit wir leben (EG 432,1–3); Möge die Straße uns zusammen-führen (tvd, 89,1+2+4); Herr, deine Liebe ist wie Gras und Ufer (tvd, 224,1–3); Nun danket alle Gott (EG 321,1–3)

V. LESUNG:

Matthäus 16,13–19

VI. FÜRBITTENGEBET:

Nach Franz von Assisi (z.B. EG, Ausgabe für Rheinland, West-falen und Lippe, 875)

VII. SEGEN:

Unser Gott, der schon Abraham und Sara aus der Stadt Ur in Caldea herausgerufen hat und sie behütete auf all ihren Pil-gerreisen, der das hebräische Volk durch die Wüste führte, behüte auch euch. Unser Gott sei Gefährtin, Wegweiser an Kreuzungen, Herberge, Licht in der Dunkelheit, Trost in der Mutlosigkeit, Stärke in allen Vorsätzen und der beste Freund an eurer Seite.

VIII. PREDIGT:

Liebe Konfirmationsgemeinde! Zu. Die Haustür ist zu. Zweimal noch den Schlüssel umgedreht. Sicher ist sicher. Neben der Treppe mit dem Briefkastenschlüssel nach Post gestöbert: Werbung und eine Ansichtskarte aus Marokko. In zehn Meter Entfernung beamt mein Key-Code die Autotür auf. Früher ging auch meine Bürotür mit einem Schlüssel auf, jetzt tut's eine Chipkarte. Am Abend schließe ich das Gartentor ab. Schlüsselbund auf die Kommode. Alles sicher.

Und tatsächlich: Das war auch der ursprüngliche Grund für seine Erfindung: Sicherheit. Vor Gefahr und bösen Buben. 5.000 Jahre ist es her, da meinten die Pyramidenbauer, es wäre keine dumme Idee, die Grabkammern der Pharaonen abschließen zu können. Der Schlüssel war geboren. Von da an bekam der Besitzer der Schlüssel eine große Machtfülle. Konnte er doch bestimmen, wer rein- oder auch draußen gelassen wurde. Liebe KonfirmandInnen, Ihr werdet das selber erleben, wenn Ihr in Euerm ersten Job einen Schlüssel ausgehändigt bekommt. Jetzt gehört Ihr zum Betrieb dazu. Umso melancholischer ist es für manche Menschen, wenn sie am Ende ihrer Berufstätigkeit ihre Schlüssel abgeben müssen.

Zurück zur Geschichte des Schlüssel: Nicht nur die ÄgypterInnen, auch die alten IsraelitInnen kannten schon diese praktische Schließeinrichtung. Für sie aber wurde der Schlüssel zum Bild für Autorität, Verantwortung und besondere Aufgaben. Es ist der Prophet Jesaja, der von einem König erwartet, dass er nicht nur sein Amtskleid anziehen und seinen Gürtel umlegen möge, sondern vor allem ein guter, fürsorglicher Hausvater für die EinwohnerInnen Jerusalems sei. Und dann heißt es wörtlich weiter: „Ich will die Schlüssel des Hauses Davids auf seine Schulter legen, dass er auftue und niemand zuschließe, das er zuschließe und niemand auftue." (Jes 22,22) Also – und das ist nun die andere Medaille des Schlüssels –, er schafft Platz. Macht neugierig. Eröffnet Zugänge in wichtige Räume und nicht zuletzt eine Weite an Erfahrungen und Offenheit für Menschen. Halt wie ein fürsorglich guter Hausmeister, der wacht, aber auch aufschließt. Zu Hause öffnen Eure Schlüssel eben auch den Zugang in Euren Privatbereich. Früher sprach man von der guten Stube, in der man sich zu Hause fühlt. Und dabei spielen dann weniger die Ausstattungsgegenstände eine Rolle. Als vielmehr die ruhige Atmosphäre und natürlich vor allem Menschen, auf die sich Eure Tür hin öffnet. Ob Ihr offen seid für sie. Ob sie offen sind für Euch.

Und diese Offenheit betrifft nun nicht nur unseren menschlichen Bereich. Ihr alle kennt einen Apostel, der – übrigens auch in mancherlei Karikaturen – mit einem Schlüssel dargestellt wird. Richtig, es ist Petrus, der vor der Himmelstür oft mit einem dicken Schlüsselbund dargestellt wird. Auch dieses Bild geht auf einen biblischen Text zurück, den wir schon in der Lesung gehört haben. „Du bist Petrus", sagt Jesus an einer Stelle zu ihm, „und auf diesen Felsen will ich meine Gemeinde bauen. Dir will ich die Schlüssel des Himmelreichs geben." (Matth. 16,18f) Sicherlich wisst Ihr, dass sich auf diese Bibelstelle der Papst beruft, als alleiniger – sagen wir einmal – „Lord"-Schlüsselbewahrer den Menschen den Himmel eröffnen zu können. Deshalb ist im Übrigen auch auf der gelb-weißen Fahne des Vatikans ein Schlüssel abgebildet. Ob das wirklich so stimmt? Wir ProtestantInnen denken da doch etwas großzügiger: Alle ChristInnen, auch konfirmierte Jugendliche, können anderen den Weg zum Glauben aufsperren, zeigen, eröffnen.

Aber noch ein paar geschichtliche Informationen zum Wirken des Schlüssels: Im alten Rom wurden der Braut die Schlüssel zum Haus übergeben, nach einer Trennung musste sie in aller Öffentlichkeit diese aber auch wieder abgeben. Das Mittelalter verband Magie mit dem Schließwerkzeug: Bei Kopfschmerzen empfahl man, einen Schlüssel in Feuer zu erhitzen, ihn dann in kaltes Wasser zu werfen und anschließend auf die Stirn zu legen. Bei Nasenbluten in den Nacken. Dass diese Schlüsseltradition gar nicht so dumm war, beweisen bis heute die kalten Waschlappen, die Eure Eltern Euch sicherlich auch ab und an in den Nacken gelegt haben.

Nun hat aber im Laufe der Zeit die Bedeutung des Schlüssels noch eine Übertragung erfahren. Er stand jetzt nicht nur fürs Zuschließen von Türen aus Sicherheitsgründen. Und auch nicht nur für das Eröffnen von lebenswichtigen Räumen. Er wurde plötzlich zu einem Merkmal, einem Kennzeichen von Menschen. Das Bild des Schlüssels – man sah in ihm eine Möglichkeit, über das Verhältnis zu anderen Menschen, zu sich selber, nicht zuletzt auch zu Gott nachdenken zu können. Oft erleben wir ja, wie uns der Zugang zu einem anderen Menschen verschlossen bleibt. „Der oder die ist überhaupt nicht offen", sagt auch Ihr dann manchmal über andere Jugendliche. Man kommt an den anderen nicht 'ran. Es steht da eine unsichtbare Tür zwischen beiden. Und weiter: Bin ich nicht selber manchmal ganz schön verschlossen, wenn ich mich nicht auf neue Erfahrungen oder andere Menschen einlasse? Also müsste ich mich da nicht zunächst einmal für mich selber öffnen, nachspüren, wer ich bin und was ich will, um dann erst anschließend auch wieder einen Zugang zu anderen finden zu können? Schließlich: Vielen Menschen, wahrscheinlich auch heute unter uns, ist die Tür zu Gott ins Schloss gefallen. Mancherlei schwierige Lebenserfahrungen haben mich vielleicht ihm gegenüber verschlossen werden lassen. Ich lasse seine Worte nicht mehr zu mir durch. Gibt es einen Schlüssel, der die Türen zu anderen, zu mir, zu Gott doch wieder zu öffnen versteht?

Im letzten Buch der Bibel, der Offenbarung des Johannes, gibt es eine Geschichte, in der es um ein Buch mit sieben Siegeln geht. (Apk 5) Noch heute ist dies ein Bild für Fragen nach der Geschichte, dem Ziel unseres Lebens und dieser ganzen Welt. Wir stehen dann in der Tat nicht nur einmal in unserem Leben wie vor einer verschlossenen Tür, einem Buch mit sieben Siegeln eben, das uns den Zugang, das Verständnis verwehrt für den Sinn unserer Lebenszeit. Bei vielen Lebensfragen fühlen wir uns ja tatsächlich manchmal wie vor einer Wand. Wie es mit dem Schulbesuch weitergehen wird etwa. Welchen Beruf ich wähle, welchem Lebenspartner/ welcher Lebenspartnerin ich mich einmal anvertrauen soll. Liebe KonfirmandInnen, es wird immer wieder auch in Eurem Leben Situationen geben, da werdet ihr Euch ausgeschlossen und abgeschottet fühlen von anderen, von Gott, von Euch selbst. Es fehlt Euch dann eine offene Tür, eine liebevolle Einladung also, die Schwelle mancherlei Schwierigkeiten überschreiten zu können. Die Siegel des verschlossenen Lebensbuches öffnen zu können. Selbst in der biblischen Erzählung der Offenbarung weiß niemand zunächst so recht Rat. Die Pforten zu einem erfüllten, geglückten, zufriedenen Leben scheinen auf ewig hin verschlossen zu bleiben. Bis, ja bis sich schließlich dann doch ein Lämmlein meldet, ein Bild für Christus, der sich das zutraut, alle Lebenshindernisse zu überwinden; und dann schließlich tatsächlich vor den Augen aller Welt und des gesamten himmlischen Hofstaates die Siegel öffnet und die Zukunft frei und offen legt. Und dann sagt dieses bescheidene Lamm, der aber an einer anderen Stelle als „Heiliger und Wahrhaftiger" beschrieben wird, „der da hat den Schlüssel Davids, der auftut und niemand schließt zu, der zuschließt, und niemand tut auf: ‚Siehe, ich habe vor dir eine Tür aufgetan und niemand kann sie zuschließen.'" (Apk 3,8) Christus schließt die Tür zum wahren Leben auf. Und der Schlüssel zu einem wirklich offenen, geglückten Leben kann eben tatsächlich nur dieser Christus selber sein. Zunächst will er in allen verschlossenen Räumen unsere Augen und unser Herz öffnen für seine Nähe, für die Begleitung Gottes, für die Bewahrung und den Trost durch seinen guten Geist. Ein altes Weihnachtslied beschreibt diese Fürsorglichkeit Christi so, dass er mit seinem Kommen in unsere manchmal so arg in sich selbst abgeschottete Welt „wieder die Tür zum Paradies aufschließt" (EG 27,6). Anschließend reißt er Fenster und Türen zu einem frischen Leben weit auf und schenkt uns damit nun die große neue Chance, die ersten eigenen Schritte zu einem wachen, mutigen, interessierten und geglückten Leben – ganz offen und frei – zu unternehmen.

Weil dieser Türöffner Christus uns also den Zugang zu Gott und der ganzen Welt von seiner Seite des Lebenshauses her erschlossen und eröffnet und damit dann tatsächlich all unsere Hindernisse zum Himmel und zur Erde abgebaut hat, können wir nun unsererseits den Schlüssel zur weiten Welt neu entdecken. „Lasst Euch aufschließen", möchte ich Euch, liebe KonfirmandInnen, zu diesem Fest vor allen anderen sagen, „verlasst Eure verdunkelten Räume der Vorurteile und der Angst – und stellt Euch mitten in die Euch bei der Konfirmation eröffnete Schönheit Eures Lebens!" Wenn Gottes Liebe uns so geöffnet hat, dann gibt es nämlich in dieser neuen Weite und Größe die Möglichkeit, andere Menschen für uns zu erschließen. Liebe KonfirmandInnen, versucht doch einmal nun Eurerseits, mit Freundlichkeit, Wärme, einem Lächeln, Höflichkeit und Geduld Menschen zu begegnen, die vorher völlig verschlossen erschienen, ganz „zu" für Euch waren. Auch in Eurem FreundInnenkreis. Ihr werdet merken, wie sich da auch so etwas wie eine Paradiestür zwischen bisher fremden Menschen auftun kann. Und noch etwas: Verschließt Euch in der Zukunft nicht der offenen Tür, die Euch auch unsere Kirche anbietet. An manchen Kirchengebäuden seht Ihr draußen ein Schild: „Offene Kirche". Damit ist nicht nur die Tür gemeint, die Euch einen Raum für Stille, Musik und Besinnung öffnet. Es wird dabei auch auf eine grundsätzlich offene Haltung unserer Gemeinde Euch gegenüber angespielt, die niemanden nach der Konfirmation vom Reichtum Gottes ausschließen will.

Wir schenken Euch nach der Einsegnung – wie kann es anders sein? – einen Schlüsselring. Daran könnt Ihr all Eure Schlüssel befestigen, die natürlich auch Sicherheit geben sollen. Und Türen öffnen werden. Aber es hängen noch drei weitere Symbole daran, mit denen Ihr Euer ganzes Leben wirklich aufschließen könnt: Der christliche Glaube in Form eines Kreuzes, die christliche Liebe im Bild des Herzens und die christliche Hoffnung in Gestalt eines Ankers. Damit werdet ihr alle scheinbar noch so verrammelten Türen aufschließen und Euer zukünftiges Leben ganz weit und offen gestalten können – zu Gott, zu vielen anderen Menschen und nicht zuletzt auch zu den wunderbaren Möglichkeiten in Euch selbst.

Amen.

12 | „Engel unter uns"

I. ANMERKUNG:

Diese Predigt lebt vom Dialog zwischen dem Pfarrer/der Pfarrerin und einem Engel. Diese Gestalt sollte ruhig ganz traditionell eingekleidet werden (weiße Flügel, Goldglitzer im Haar, weites Gewand etc.). Als Requisit kommt ein großer Schlüsselbund mit drei unterschiedlichen Schlüsselgrößen (alter Kirchenschlüssel, Chip-Card, kleiner Schlüssel) zum Einsatz. Als Geschenk bekamen die KonfirmandInnen einen kleinen Bronzeengel mit (erhältlich zum Beispiel über „Andere Zeiten", Hamburg).

II. BEGRÜSSUNG:

Liebe Konfirmandinnen und liebe Konfirmanden, liebe Eltern und Großeltern und PatInnen, VerwandtInnen und Gäste von nah und fern, liebe Gemeinde!

Ganz herzlich möchte ich Euch und Sie alle zu unserem Konfirmationsgottesdienst hier in unserer Kirche willkommen heißen. Ich kann mir vorstellen, was für eine Fülle von Vorbereitungen und Planungen hinter Ihnen liegt: Einladungen zu diesem Tag wurden verschickt, schicke Kleidung angeschafft, Essen organisiert, die Wohnung so richtig auf Vordermann gebracht. Aber wie so oft im Leben: Unter all den vielen Aktivitäten geraten wir dann doch leicht unter Zeit- und Arbeitsdruck, mitten hinein auch in Abhängigkeiten, die wir so eigentlich gar nicht wollten. Es ist wie sonst auch: Wir wollen frei sein, unabhängig, überall dort mitmischen, wo wir die größten Lebensmöglichkeiten meinen für uns entdeckt zu haben; und legen uns doch dabei oft genug selber unnötige Vorschriften und innere Ketten an. Konfirmation aber soll ein Tag für Euch sein, an dem ihr vor allem die Freiheit Eures Lebens unter Gottes Segen erfahren dürft. Auch unter der Begleitung und mithilfe mancherlei Engel, Gottes Boten eben. Dabei dürft Ihr selber einen Weg entdecken, der sich nicht an unguten Vorbildern, sondern an Christus selber orientiert. Denn er schenkt erfülltes Leben und macht wirklich frei. So feiern wir auch diesen Gottesdienst im Namen Gottes, des Vaters und des Sohnes und des heiligen Geistes. Amen.

III. Psalm:

27 in moderner Übertragung (z.B. EG 778, Ausgabe Rheinland, Westfalen, Lippe)

IV. Lieder:

Lobe den Herren, den mächtigen König der Ehren (EG 317, 1–5); Wenn das Brot, das wir teilen (Lieder zwischen Himmel und Erde, tvd-Verlag, 290,1–3); Gott gab uns Atem, damit wir leben (EG 432,1–3); Vertraut den neuen Wegen (EG 395,1–3); Bewahre uns Gott, behüte uns Gott (EG 171,1–4); Nun danket alle Gott (EG 321,1–3); Möge die Straße uns zusammenführen (tvd, 89,1+2+4)

V. Lesung:

Die Engelsleiter, 1. Mose 28,10–15

VI. Fürbittengebet:

Nach Franz von Assisi (z.B. EG 875, Ausgabe Rheinland, Westfalen, Lippe)

VII. Segen:

Möge dein Weg dir freundlich entgegenkommen, möge der Wind dir den Rücken stärken. Möge die Sonne dein Gesicht erhellen und der Regen um dich her die Felder tränken. Und bis wir beide, du und ich, uns wiedersehen, möge Gott dich schützend in seiner Hand halten. (Aus Irland)

VIII. Predigt:

Pfarrer/Pfarrerin (P): Meine lieben Konfirmandinnen und liebe Konfirmanden! Eine ganze Zeit habe ich in der Bibel geblättert, um eine Geschichte zu finden, die etwas mit Euch, Eurer Konfirmation und Eurem zukünftigen Leben zu tun hat. Und tatsächlich: Eines Tages stieß ich auf einen ziemlich unbekannten Text aus der Apostelgeschichte, der mir wie geschaffen erschien für diesen Tag. Ihn will ich Euch jetzt vorlesen und dann zu erklären versuchen, warum mir diese Geschichte zu Eurem Konfirmationstag so passend erscheint.

Also: „In jener Nacht schlief Petrus zwischen zwei Soldaten, mit Ketten gefesselt, und die Wachen vor der Tür bewachten das Gefängnis. Und siehe, der Engel des Herrn kam herein, und Licht leuchtete auf in dem Raum; und er stieß Petrus in die Seite und weckte ihn und sprach: Steh schnell auf! Und die Ketten fielen ihm von seinen Händen. Und der Engel sprach zu ihm: Gürte dich und zieh deine Schuhe an! Und er tat es. Und er sprach zu ihm: Wirf deinen Mantel um und folge mir! Und er ging hinaus und folgte ihm und wusste nicht, dass ihm das wahrhaftig geschehe durch den Engel, sondern meinte, eine Erscheinung zu sehen. Sie gingen aber durch die erste und zweite Wache und kamen zu dem eisernen Tor, das zur Stadt führt; das tat sich ihnen von selber auf. Und sie traten hinaus und gingen eine Straße weit, und alsbald verließ ihn der Engel." (Apg 12,6–10).

Ich weiß: Zunächst werdet Ihr Euch über diese Geschichte etwas verwundern; aber ob Ihr es nun glaubt oder nicht: Irgendwie sehe ich auch Euch genau an dem Ort, an dem sich zu Beginn unserer Erzählung der Apostel Petrus befindet: Nämlich in einem düsteren Verlies und schaurigem Gefängnis. „Lieber Herr Pfarrer/ liebe Frau Pfarrerin, das kann doch wohl nicht Ihr Ernst sein!", werden mit Sicherheit die meisten von Euch jetzt im Stillen bei sich denken. „Wir sitzen hier doch in keinem Knast. Das ist eine ganz gemütlich ausgestattete und nett geschmückte Kirche. Und im Anschluss werden wir in einem nicht alltäglichen Restaurant sitzen und uns wie Fürsten bedienen lassen. Garantiert nicht bei Wasser und Brot, oder ein edler Catering-Service kommt angerauscht und baut ein traumhaftes Büfett auf. Und abends werden wir gemütlich beisammen sitzen, mit all den VerwandtInnen und FreundInnen, die extra zu unserem Konfirmationstag zum Teil von weit her angereist sind, um diesen wunderbaren Tag mit Gesprächen, Musik und Häppchen harmonisch ausklingen zu lassen. Also, entschuldigen Sie, lieber Herr Pfarrer/liebe Frau Pfarrerin, aber von einem muffigen Gefängnis wird dabei heute wohl kaum etwas zu spüren sein!" – Ja, natürlich, so gesehen habt Ihr sicherlich recht. Hier verbreiten sich unter uns kein Kerkergeruch, sondern eher wohlriechende Rasierwasser und teure Parfums. Aber darum ging es mir auch gar nicht. Wisst Ihr, für mich ist diese Geschichte über Petrus im Gefängnis und seine Befreiung daraus durch einen Engel so etwas wie ein mögliches Gefahrenbild für Euer Leben. Und mehr noch wie eine Rettungsgeschichte für junge Menschen. Und das möchte ich Euch jetzt gerne erklären.

Seht Ihr, auch wenn die meisten, vielleicht sogar alle von Euch, niemals auf die Idee kommen würden, sich selber in einem düsteren Gefängnis zu sehen, so kann das doch ein ziemlicher Irrtum sein. Nein, natürlich sitzt Ihr nicht wörtlich in einer Zelle angekettet. Aber ich erlebe viele Jugendliche so, dass sie sich tatsächlich auf die eine oder andere Art gefangen nehmen lassen von allerlei Ideen und Überzeugungen, die sie letztlich abhängig und unfrei machen. Ich weiß ja selber noch aus meiner eigenen Jugend, dass es in Euerm Alter überhaupt nicht einfach ist, in vielerlei Hinsicht einen vernünftigen Weg zu finden und sinnvolle Entscheidungen zu treffen. Da gerät man leicht in Abhängigkeiten von scheinbaren Vorbildern, verführerischen Beispielen, wie man z.B. „cool" auszusehen hat. Oder welche lockere Jugendsprache man sich angewöhnen sollte, um so richtig „in" zu sein. Oder wie man sich von blöden Verhaltensregeln freimachen sollte, die einem im lockeren Umgang mit anderen nur blockieren. Oder die Überzeugung, dass das Hauptziel im Leben sein sollte, den allergrößten Spaß aus jedem Tag zu ziehen, egal, ob andere neben einem oder die Umwelt dabei schon mal auf der Strecke bleiben. Oder wie man mit möglichst wenig Arbeitsaufwand maximal an „Kohle" rausholen kann. Solche Meinungen und Vorbilder verführen ganz schön. Und dann können sie mit dazu beitragen, dass man sich – und das noch ganz freiwillig – in große Abhängigkeiten begibt. Wünsche nach Macht, Reichtum und Schönheit können einen schneller, als einem lieb ist, in ein Gefängnis der überdrehten Lebensträume katapultieren. Da sitzt man dann fest, längst nicht so frei, wie man es sich gedacht hat; stattdessen abhängig und völlig gefangen genommen, weil man selber gar nicht mehr entscheiden kann, was denn wirklich das Beste für einen im Leben sei. Da rasseln die Ketten, da klirren die Schlösser, die man sich zwar selber irgendwann einmal ausgesucht hat, aber die man jetzt längst nicht mehr alleine abschütteln kann.

Und weil man sich also so in den eigenen Wünschen wie in einem Netz verheddert, verstrickt und gefangen hat, muss schon ein Engel auftreten, damit man aus diesem Gefängnis überhaupt noch entkommen kann. Und glaubt es mir: Es gibt tatsächlich solche Engel; und wer weiß, vielleicht haben sie Euch sogar schon einmal besucht. Sie können völlig unterschiedliche Gestalten haben – und kommen trotzdem alle vom Himmel. Sie wollen Euch herausholen aus den dunklen Lebenszimmern, in die ihr Euch selbst eingeschlossen habt, und aus denen Euch die Flucht allein kaum gelingen wird. Vielleicht haben sie an einem Tag die Gesichter Eurer NachbarInnen, die Euch wohlwollend zeigen, dass es z.B. ausgesprochen sinnvoll sein kann, die Lebenserfahrungen älterer Menschen ernst zu nehmen. Oder sie besuchen Euch als FreundInnen, die wirklich Interesse an Euch haben, übrigens auch in unserer Kirche. Dabei wollen sie Euch zeigen, was letztlich im Leben wirklich zählt: etwa, dass man Liebe und verständnisvolle Beziehungen sich nicht erkaufen kann. Und glaubt es mir, dann wird manch böser Traum sein Ende finden, und die Ketten der Abhängigkeiten von Euch fallen. Wie in der Geschichte des Petrus werdet Ihr befreit von dummen und manchmal auch unmenschlichen Vorbildern; und Euren Weg nach draußen ganz sicher finden. Es gibt sie, diese Engel der Freiheit. Und manchmal sehen sie tatsächlich wie echte Engel aus.

Engel (E): (Es rumpelt in der Sakristei, Seile werden sichtbar, Ketten rasseln, eine Leiter erscheint, der Engel steigt – je nach Kirchensituation – auf eine Balustrade oder neben die Kanzel.) Herrje, Guten Tag alle miteinander, ich dachte, ich schau doch auch mal vorbei. Ist ja wohl ein wichtiger Tag heute.

P: Das ist nun aber wirklich eine tolle Überraschung, dass ausgerechnet Du heute auch noch persönlich vorbeischaust. Hier habe ich Dich ja lange nicht gesehen.

E: Du willst mir doch nicht etwa ein schlechtes Gewissen machen, nur weil ich mich hier so selten blicken lasse? Ich habe halt viel zu tun, seitdem ich in die Abteilung „Jugendengel" versetzt wurde.

P: Also, lieber Jugendengel, wenn ich dann einmal so neugierig sein darf: Mit was klapperst Du denn da so mächtig rum? Suchst Du irgendwas Besonderes?

E: Diese Ketten hier waren um die Fahrräder der Konfirmand-Innen geschlungen – und jetzt suche ich die Schlüssel dazu. Sonst können die jungen Menschen sich ja gar nicht mehr fortbewegen. Hast Du sie vielleicht? Kann man die eventuell sogar in Deiner Kirche wiederfinden?

P: Na ja, das kenne ich natürlich auch. Immer wenn man einen Schlüssel besonders dringend braucht, ist er gerade nicht da. Aber Kettenschlüssel? Hier im Gottesdienst? Nicht, das ich wüsste.

E: *(Der Engel geht umher, sucht und findet hinter dem Altar einen dicken Schlüsselbund mit unterschiedlichen Schlüsseln.)* Aber Herr Pfarrer/Frau Pfarrerin: Was soll das denn, haben Sie meine Schlüssel gemopst?

P: Nun entschuldige mal, lieber Jugendengel, ich wusste gar nicht, dass es so etwas bei mir in der Kirche überhaupt gibt. Kannst Du mir vielleicht auch noch verraten, wozu die vielen unterschiedlichen Schlüssel gedacht sind?

E: Was für eine Frage, wozu wohl? Ist doch klar; nicht nur, um die Fahrradketten zu öffnen, sondern vor allem, um Ketten der Abhängigkeit von Jugendlichen zu lösen; und ihnen stattdessen neue Türen zu öffnen, hinter denen viele gute Erfahrungen warten. Oder habe ich etwa nicht gerade noch bei der Einleitung zu Deiner Predigt mitbekommen, dass eine meiner KollegInnen den guten Petrus ebenfalls aus einem dunklen Loch geholt und in die Luft geschafft hat. Hier, schnapp mal auf *(wirft P. den Schlüsselbund zu).* Hepp!

P: *(Betrachtet den Schlüsselbund:)* Hm…, eine bunte Sammlung. Was ist denn das hier für ein Schlüssel, der scheint mir aber mächtig alt zu sein?

E: Alt ja, aber nicht zu alt. Er stammt von einer hölzernen Kirchentür. Er passt zu allen wichtigen und schönen Traditionen, wie z.B. den Konfirmationstag heute. Er öffnet die Tür für Deine Jugendlichen zur Gemeinde und befreit sie aus Langeweile und verregneten einsamen Nachmittagen. Er lässt sie darüber hinaus einen Blick werfen in das bunte Land des Glaubens. Und dann lädt er schließlich nicht weniger dazu ein, diesen Tag als harmonisches Familienfest zu feiern. Die Familien hier im Gottesdienst, die wollen ja auch nicht von altmodischen, überlebten Traditionen angekettet, sondern viel eher durch die Feier hier in ihrem Glauben gesichert werden.

P: Du, da kann ich Dir wirklich nur zustimmen: Bei so einem alten Stück merkt man oft erst später, dass er immer noch gut passt und wichtige Lebensbereiche und Fragen aufschließt. Zweimal in der Kirchentür umgedreht – und die Erinnerungen an Gebete, Texte, Kerzen und Lieder sind wieder da. Und lösen oft ganz wunderbar die Verstrickungen und Sorgen des Alltags. Machen Blick, Seele und Weg frei für Gottes Welt. (nimmt eine Chip-Karte vom Schlüsselbund zur Hand). Aber was ist das denn. Ist das auch ein Schlüssel?

E: Ach, der, ja das ist so ein ganz moderner, ein elektronischer. Der macht mir immer wieder ganz schön Ärger. Dabei spielt er gerade heute eine besonders große Rolle. Er öffnet die Individualität.

P: Er öffnet was? Individi…?

E: Also für Sie, Herr Pfarrer/Frau Pfarrerin, übersetzt: Der Schlüssel zur Persönlichkeit. Das ist eine Art Zukunftsöffner gerade für Deine Jugendlichen.

P: Du willst damit doch nicht andeuten, das man ihn überall dort einsetzen kann, wo man möglichst nur an sich denkt, um dann auch andere einfach „platt" zu machen?

E: Sie kommen vielleicht auf Ideen. So soll es natürlich gerade nicht sein. Viel eher ist er das Gegenteil davon, so etwas wie ein selbstbewusster „No-Way-Key".

P: Seit wann können Engel Englisch?

E: Himmlische Heerscharen, ein Schlüssel, der nicht alles mitmacht, sondern ab und an „Nein" zu sagen versteht.

P: So, jetzt komme ich Dir auf die Spur. Das ist also so etwas wie ein Gegenstand, der auch zuzumachen versteht, „Nein" sagt, wenn andere Jugendliche von einem etwas wollen, das angeblich „cool" ist; wozu man aber selber vielleicht überhaupt keine Lust hat.

E: Genau! Und dann sagst Du eben „Nein", obwohl Dich andere vielleicht sogar auslachen. Aber genau so ein Verhalten löst Abhängigkeitsketten.

P: Du, das erinnert mich doch ziemlich stark an meine Petrusgeschichte. Der bekommt ja auch von einem Engel einen Deu in die Seite, aufzuwachen, mutig zu sein, um sich so mit himmlischer Unterstützung aus einer schwierigen Situation befreien zu können, die andere ihm vorschreiben wollten *(nimmt den kleinsten Schlüssel zur Hand)*. Aber, sag mal, dieser ganz Kleine hier, kann der denn überhaupt auch etwas aufschließen?

E: Sie haben recht, nach außen wohl sehr klein, aber vielleicht ist er für Ihre Jugendlichen doch ein ganz, ganz Wichtiger. Es ist der Herz-Schlüssel.

P: Ein Schlüssel, der das eigene Herz für andere Menschen aufschließt?

E: Ganz genau. Viele Menschen haben ihn verlegt und können ihn nicht mehr wiederfinden. Sie bleiben festgelegt auf das, was sie immer schon von anderen dachten und wussten. So geht es leider auch vielen, vielen Erwachsenen, dass sie Türen zuschlagen, die sie später zu anderen nicht mehr aufkriegen.

P: Verstehe ich es richtig, dann ist dies ja nun ein Schlüssel gerade in unserer Gemeinde. Wir versuchen, unser Herz für die Neukonfirmierten mit all ihren Fragen offen zu halten. Wir hören uns ihre Herzenswünsche an. Und eröffnen ihnen jede Menge Angebote. Alle möglichen Freiplätze und Freizeiten, und überhaupt …

E: Und überhaupt sind Sie dann wie viele Erwachsene beleidigt, wenn all diese tollen Türen zur Freiheit von den Jugendlichen nicht sofort geöffnet werden und nach der Konfirmation nicht allzu viele sich in das Traumland der Kirche verirren.

P: Ja, entschuldige mal, was für gesprengten Ketten sollen wir denn den Jugendlichen noch alle anbieten? Mit ihnen zusammen in der Disco völlig losgelöst herumhüpfen? Mich an ein Bungee-Jumping-Seil hängen? Oder als PfarrerIn in einer Soap Opera auftreten?

E: Ach nein, das alles würde doch ziemlich lächerlich wirken, oder nicht? Seien Sie doch einfach da, wenn Ihre Konfir-

mandInnen ein offenes Gespräch suchen, einmal ganz losgelöst von allerlei vorgeschriebenen Regeln. Machen Sie die
Kirche zu einem offenen Ort, in dem man sich ausprobieren
und auch eigene kritische Fragen stellen darf.

P: Du meinst also, ich soll meine KonfirmandInnen auch heute
noch einmal für ihren weiteren Lebensweg gut ausstatten,
ausstaffieren sozusagen, wie in meiner Petrusgeschichte?
Dass also auch ich so eine Art Engel für sie sein dürfte? Eigentlich habe ich versucht, sie schon während der Zeit des Unterricht aus mancherlei Abhängigkeiten aufzuwecken; dabei
haben wir sie auch wie Petrus in der Gemeinde mit Schuhen
versehen, die ihnen einen festen Stand im Leben verschaffen.
Zum Beispiel durch biblische Texte, aber auch die Erinnerung an ihre Taufe. Dann wurde ihnen auch immer wieder
ein Gürtel umgebunden, an dem sie sich auch in Zukunft
festhalten können, bei allen wichtigen Entscheidungen, wie
an den 10 Geboten, die sie im Unterricht für ihr ganzes
Leben kennen und schätzen gelernt haben. Und schließlich
würde ich ihnen heute noch einen Mantel umhängen, der
ihnen wie eine liebevolle Mutter Kirche Schutz, Zuspruch,
Trost und Aufnahme gibt, nicht nur an ihrem Konfirmationstag, sondern für alle Jahre, die noch vor ihnen liegen.
Was für ein schöner Ausblick in das Land der Freiheit nach
dem Lösen der Ketten, dem Gang aus dem Gefängnis. Aber,
sag mal, lieber Jugendengel, muss ich denn ganz alleine diese
nicht ganz einfache Arbeit ausführen? Also, die Ketten der
Abhängigkeiten, in die Jugendliche geraten oder die sie eben
manchmal auch selber freiwillig schmieden, alleine sprengen?
All die Ketten des Traditionsverlusts, des Gruppenzwangs,
der gesellschaftlichen Konventionen und nicht zuletzt der
Feigheit?

E: Na, so schlimm wird's wohl nicht werden. Denken Sie doch
bitte selber noch einmal an die Reaktion zurück, die Petrus
im Gefängnis auf die offenen Ketten und Türen selbstständ-
dig vollzieht. Der Engel hat ihn zwar aufgerüttelt. Jetzt aber
kommt Schwung in ihn selber. Ihre KonfirmandInnen sind
doch keine Pappkameraden. Die wissen, was man selber nach
dem Aufschließen der Gittertür alles in die Hand nehmen
kann. Machen Sie zunächst ihnen den Weg dazu frei und

bieten Sie ihnen weiterhin diese Schlüssel zum Leben an. Die Jugendlichen werden Ihnen dann schon sehr vielseitig zeigen, was alles an Fantasie in ihnen steckt.

P: Das nennt man dann wohl Schlüsselerlebnisse, oder? Wie bei unserem Petrus. Dem bringt der Engel zunächst ja auch Helligkeit an den finsteren Ort, ein Licht geht ihm auf – und er versteht, dass der Himmel ihn mag und ihn am liebsten in Freiheit sieht. Eigentlich war dies der Sinn unserer gesamten KonfirmandInnenzeit.

E: Gab's noch was auf dem Weg nach draußen?

P: Na ja, die vielen gemeinsamen Unternehmungen, bei denen wir uns von selbsternannten „OrdnungswächterInnen" nicht aufhalten ließen und dabei manche „Vorurteilsgefängnisse" verlassen haben: Bei den gemeinsam gestalteten Gottesdiensten, beim Besuch in der Schule für behinderte Kinder, auf der KonfirmandInnenfreizeit, bei den Nachmittagen im Altersheim. Und natürlich entsinne ich mich auch, wie wir in heißen Gesprächen manche „Meinungsmacher" aus der Werbung verscheucht haben, die uns ihre Sicht der Dinge aufdrängen wollten, gegen die wir uns aber dann ganz bewusst entschieden haben. Und wie bei Petrus stand da plötzlich das eiserne Tor, das zur Stadt führt, ganz weit auf.

E: Wissen Sie noch, wie Ihre und damit auch unsere gemeinsame Geschichte endet?

P: Natürlich: Und sie traten hinaus und gingen eine Straße weit.

E: Das ist die Weite, die wir Engel unseren Schutzbefohlenen immer eröffnen wollen: Diese große Freiheit, Dunkles und Schlechtes zurücklassen zu können, um als junge Erwachsene die Straßen der Welt fröhlich und zuversichtlich zu beschreiten. – Aber nun muss ich los. Woanders sind die Ketten noch geschlossen. Passen Sie hier in der Kirche aber gut auf Ihren Schlüsselbund auf, öffnen sie die Kirche mit dem Alten, die Gaben der KonfirmandInnen mit dem Modernen, und die Herzen aller schließlich mit dem zarten Kleinen.

(E. geht ab)

P: Lieber Jugendengel, warte noch einen Moment. Na ja, so ist das wohl oft mit diesen himmlischen Wesen: „Und alsbald verließ ihn der Engel." So endet ja auch die biblische Geschichte über Petrus. So plötzlich, wie sie gekommen sind und befreit haben, sind sie dann auch wieder weg. Aber Engelsbegegnungen sind niemals umsonst und nie ohne Folgen. Für Euch KonfirmandInnen, für uns alle nicht. Immer lässt er etwas zurück. Und wenn Ihr es jetzt seid, die ab Morgen Engel für andere werden können.

Amen.

Wenn Sie weiterlesen möchten

Heinz-Günter Beutler-Lotz
Konfirmandenzeit und Konfirmation
Ein Werkbuch für Leitende

Manche Themen der Konfirmandenzeit würden die Konfirmanden nicht freiwillig wählen. Es gibt aber Spielräume, auf die Bedürfnisse jeder spezifischen Gruppe einzugehen, ihre eigenen Themen aufzugreifen und weiterzugestalten. Hier findet Beutler-Lotz seine Zugänge. Die Konfirmandinnen und Konfirmanden bringen sich ein, auch und besonders in den Vorstellungsgottesdienst. Viele Beispiele machen deutlich, wie das gelingt. Fünf Konfirmationspredigten mit Symbolen runden das Angebot ab.

Christiane Thiel / Udo Hahn
Das kannst du glauben
Texte für Konfis und Konfirmierte

13 packende Selbstvorstellungen Jugendlicher, aufgeschrieben von einer Jugendpastorin und Jugendbuchautorin auf der einen Seite, 13 Sachtexte zu den Basics des christlichen Glaubens, für junge Menschen verfasst von einem Oberkirchenrat der Evangelischen Kirche auf der anderen Seite. Diese Texte stehen in fruchtbarer Spannung und umfassen den gesamten Horizont einer lebensweltorientierten Konfirmandenzeit. Der Band bietet Stoff für den Unterricht, für Diskussionen in der Gruppe und für die Nacharbeit daheim. Die Jugendlichen erzählen u.a. »Von Zu-Hause-Geräuschen«, vom »Baden gehen mit Anres« oder über die »Sache mit dem Patenplan« dem gegenüber kommen in den Sachtexten Glaube oder Gebote zur Taufe zur Sprache.

Gabriele Persch
Gottesdienste mit Jugendlichen

»Jugendgottesdienste« richten sich nicht nur an Jugendliche, sondern an alle Gemeindemitglieder. Dahinter steht ein Gemeindeaufbau-Konzept, das Jugendarbeit und Konfirmandenunterricht mit dem Gottesdienst als Zentrum des Gemeindelebens vernetzt und die Kommunikation zwischen den Generationen fördert. Die Position der Jugendlichen wird gestärkt, wenn sie bei der Gestaltung Verantwortung übernehmen. Persch gibt praktische Hinweise zur Planung und konkreten Arbeit in der Gottesdienstvorbereitung und -durchführung.

Dienst am Wort

Die Reihe für
Gottesdienst und Gemeindearbeit

V&R

Band 132: Wolf Dietrich Berner
**Liedgottesdienste im
Kirchenjahr**
2010. 174 Seiten, kartoniert
ISBN 978-3-525-59540-4

18 Predigten zu den Dichtungen
von Paul Gerhardt, aber auch
zu Liedern von Martin Luther,
Georg Weissel, Matthias Claudius,
Joseph Mohr, Jochen Klepper,
Arno Pötzsch und Jürgen Henkys.

Band 129: Siegfried Meier
**Krippenspiele
im Gottesdienst**
Steuern, Stern und Stall
2010. 120 Seiten, kartoniert
ISBN 978-3-525-59538-1

Diese Weihnachtsspiele erzählen dramatisch-fröhlich die
große Freude von der Geburt
Jesu Christi weiter. Meier stellt
ausformulierte Gottesdienstent-
würfe aus seinem reichen Er-
fahrungsschatz zur Verfügung.

Band 128: Stephan Goldschmidt /
Inken Richter-Rethwisch
Literaturgottesdienste
2010. 144 Seiten, kartoniert
ISBN 978-3-525-59535-0

Wie man mit Texten von John
Irving, Wilhelm Hauff, Henning
Mankell oder Daniel Kehlmann
Gottesdienste gestalten kann,
zeigen Stephan Goldschmidt und
Inken Richter-Rethwisch.

Band 130: Klaus von Mering
**Fürbittengebete für alle
Gottesdienste im
Kirchenjahr**
Band I: Advent bis Pfingsten
2010. 176 Seiten, kartoniert
ISBN 978-3-525-59539-8

Durch eine bildreiche Sprache,
die unsere Lebenswelt ent-
stammt, möchte von Mering
wieder meditative Ruhe in das
gottesdienstliche Beten bringen.
Er bietet eine überraschende For-
menvielfalt und zahlreiche, auch
musikalische Gebetsrufe an.

Vandenhoeck & Ruprecht

Dienst am Wort
Die Reihe für
Gottesdienst und Gemeindearbeit

V&R

Band 127: Hans Martin Dober

Film-Predigten

2010. 160 Seiten, kartoniert
ISBN 978-3-525-59536-7

Hans Martin Dober nimmt uns anhand populärer Kinofilme mit auf die Reise in andere Länder, andere Zeiten, andere Milieus und Lebenssituationen. Durch seine Predigten dazu eröffnet er 15 neue Zugänge zur Botschaft des Evangeliums.

Band 125: Amélie Gräfin zu Dohna / Anke Holfter

Bachkantatengottesdienste

2010. 160 Seiten, kartoniert
ISBN 978-3-525-59534-3

9 Gottesdienste zu Advent, Ostern, Pfingsten oder Reformationstag sowie Kasualien wie etwa zu einem Trauerfall entwickeln mit der Musik J.S. Bachs eine ganz besondere Wirkung. Die Autorinnen bieten zusätzlich musikalische und theologische Einleitungen.

Band 126: Hans-Helmar Auel (Hg.)

Der rätselhafte Gott

Gottesdienste zu unbequemen Bibeltexten

2010. 176 Seiten, kartoniert
ISBN 978-3-525-59537-4

Allzu oft sehen wir nur den liebevollen, allseits gerechten Gott, der in unser Schema passt. Unliebsame oder rätselhafte Züge blenden wir gerne aus. Diese Gottesdienste öffnen Zugänge gerade zu den unbequemen Seiten Gottes.

Band 124: Michael Leonhardi

Gottesdienste dramaturgisch

Mit einem Vorwort von Alexander Deeg
2009. 199 Seiten mit 8 Abb., kart.
ISBN 978-3-525-59533-6

Leonhardis Gottesdienstvorlagen bieten mit dem Konzept der »Dramaturgischen Liturgie« sprühende Kreativität und liturgisch verantwortete Reflexion in einem. 18 in der Praxis erprobte Entwürfe beteiligen die Gemeinde am Geschehen.

Vandenhoeck & Ruprecht